教育部人文社会科学研究一般项目“匹配政府财力的粮食作物巨灾风险分散制度的选择研究”(项目批准号:16YJA630028)资助

匹配政府财力的粮食作物巨灾风险分散制度的选择研究

梁来存 著

湘潭大学出版社

图书在版编目（CIP）数据

匹配政府财力的粮食作物巨灾风险分散制度的选择研究 / 梁来存著. -- 湘潭 : 湘潭大学出版社, 2020.10
ISBN 978-7-5687-0481-6

Ⅰ. ①匹… Ⅱ. ①梁… Ⅲ. ①地方财政－风险管理－研究－中国 Ⅳ. ①F812.7

中国版本图书馆 CIP 数据核字（2020）第 203761 号

匹配政府财力的粮食作物巨灾风险分散制度的选择研究

PIPEI ZHENGFU CAILI DE LIANGSHI ZUOWU JUZAI FENGXIAN FENSAN ZHIDU DE XUANZE YANJIU

梁来存 著

责任编辑：吕 花
封面设计：何 健
出版发行：湘潭大学出版社
社 址：湖南省湘潭大学工程训练大楼
电 话：0731-58298960 0731-58298966（传真）
邮 编：411105
网 址：http://press.xtu.edu.cn/
印 刷：广东虎彩云印刷有限公司
经 销：湖南省新华书店
开 本：710 mm×1000 mm 1/16
印 张：10.5
字 数：189 千字
版 次：2020年10月第1版
印 次：2022年3月第1次印刷
书 号：ISBN 978-7-5687-0481-6
定 价：36.00 元

目 录

第一章 绪论

本章内容

- 研究背景和研究意义
- 文献综述
- 研究思路与创新之处

第一节 研究背景和研究意义

一、研究背景

改革开放以来，我国农村普遍实行联产承包责任制，全国粮食总产量从1980年的32055.5万吨，到2019年达到66384万吨，近40年间粮食总产量翻了一番，年均增长1.9%。粮食作物的播种面积1980年为11723.4万公顷，2019年为11606.4万公顷，播种面积基本稳定，略有降低。单位面积产量在1980年为2734公斤/公顷，到2019年达到5720公斤/公顷，单产增加了一倍多。可见，1980—2019年，从整体来看，我国粮食总产量的增加是因为单产的增加，而单产的决定因素是农业生产力，所以，总体上分析，我国粮食生产的决定因素是农业生产力水平，我国粮食总产量的增加在很大程度上应归功于农业生产力水平的提高。

农业生产力水平体现在育种技术、耕作制度、农业机械、农田排灌设施、化肥、农药等各个方面。无论哪一方面，都会随着科学技术的发展而逐年发展，农业生产力水平随之逐年提高，粮食单产也应当是逐年增加的。

为了体现农业生产力水平决定的粮食单产逐年增加的上升趋势，现基于1980—2019年的全国粮食单产数据，拟合一条趋势直线（如图1.1）。粮食作物的趋势单产 $Y_C=67.212t-129986$，$R^2=0.9622$，其预测精度指标MAPE＝3.0640＜10，趋势线符合精度要求，Y_C 可以代表农业生产力水平决定的逐年增长的单产长期趋势。将每年的实际单产与该长期趋势决定的趋势单产进行比较，这40年中有17年的实际单产低于趋势单产。这说明，从逐年数据来分析，气候是影响粮食实际单产的一个重要因素，它使我国粮食单产变化呈现波动缓升之势，其波动的频率与幅度导致了我国粮食生产的不稳定，影响我国粮食安全，已经或正将对经济社会的稳定和发展构成实质性威胁。

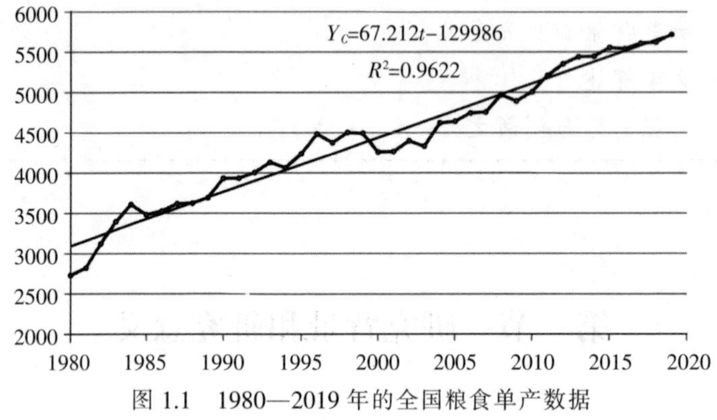

图1.1　1980—2019年的全国粮食单产数据

我国的粮食生产始终伴随着自然灾害的发生。我国的自然灾害十分严重，灾害种类繁多，灾害分布地域广泛，给国家、人民造成的损失巨大。中华人民共和国成立后，我国就遭受了多次特大自然灾害。1954年，长江流域的洪水灾害，直接受灾面积达到1600万公顷，绝收的农田面积317万公顷。1963年，华北地区的洪涝灾害，造成的直接经济损失高达60亿元。1975年8月，福建因台风引发的洪灾，造成100多亿元的直接经济损失，170多万公顷的农田受灾，100公里的京广线被毁坏，10多万人死亡。1991年夏季，江淮流域的特大洪灾导致725亿元的经济损失，2100万公顷受灾。1998年，长江流域、松花江和嫩江流域的特大洪灾影响程度之大、发生范围之广、经济损失之巨都是中华人民共和国成立以来最严重的，灾害波及全国3.5亿人，5511人死亡，800多万间房屋被摧毁，5014万公顷农作物受灾，761万公顷田地颗粒无收，经济损失达3007多亿元。2003年夏季，强降雨导致的淮河流域水灾直接影响到河南、江苏、安徽三省，390万公顷农作物被淹没，80万公顷田地绝收，4752万人口遭受灾害，16人因灾死亡，造成182亿元的直接经济损失。2004年秋季，南方发生干旱灾害，直接影响到720多万人的生活，造成40多亿元的经济损失。这些重大自然灾害对粮食生产的冲击、对人民生活的影响，让人心有余悸。自然灾害造成的粮食波动所带来的市场和心理的冲击，使得中国政府和人民对粮食问题有着异乎寻常的敏感。一直以来，自然风险都是影响我国粮食安全的一个重要因素。

粮食生产是生物性生产，是野外生产，除了会受重大自然灾害的影响外，还容易受低温、高温、短日照、长日照、洪涝、干旱、干热风、风沙、冰雹、病虫害等或大或小自然风险的影响。根据国家统计局《中国统计年鉴》的相关数据进行计算，1999—2018年的20年间，我国农作物平均每年的受灾面积达到3749.6万公顷，占播种面积的28%。自然灾害导致农作物产量大减，农民的劳动付诸东流，严重挫伤了农民从事农业生产的积极性，影响我国农业生产和粮食安全。保险能够分散农作物面临的自然风险，灾害发生后的灾损补贴能安慰灾民，重振灾民的农业生产热情，对恢复生产具有重要的促进作用。因此，发展农业保险是我国推进农业生产、确保粮食安全不可或缺的一项重大举措。

我国政府已经充分认识到农业保险在防灾、减灾、灾后重建中的重要作用，对农业保险给予了高度重视。2003年10月召开的党的十六届三中全会审议通过了《关于完善社会主义市场经济体制若干问题的决定》，第一次把"探索建立和完善政策性农业保险制度"写入党的正式文件中，标志着党中央已经把推进农业保险作为发展农业生产、增加农民收入、确保粮食安全的一项重要政策措施。从2004年开始，"农业保险"一词出现在每年的中央"一号文件"里。2006年6月，国务院发布了《关于保险业改革发展的若干意见》，即保险业"国十条"，要求逐步建立政策性农业保险与财政补助相结合的农业风险防范与救助机制，要建立国家财政支持的巨灾风险保险体系，积极探索建立中央政府和地方政府共同支持的农业再保险体系。2007年，财政部在财政补贴预算科目中第一次列入了农业保险保费补贴，并制定了保费补贴试点的管理办法。2012年，我国颁布了有史以来的第一部《农业保险条例》，结束了只在部分地区进行的保费补贴试点，开始在全国范围内全面铺开政策性农业保险。在政府保费补贴政策的推动下，我国农业保险保费收入从2006年的8.48亿元增长到2018年的572.65亿元，保费收入增长了66倍，年均增长了42.05%。从2017年开始的中央"一号文件"都明确指出今后农业保险发展的总思路是"扩面、增品、提标"。2019年5月29日，中央全面深化改革委员会第八次会议审议，于2019年10月12日印发《关于加快农业保险高质量发展的指导意见》，提出了未来10年发展农业保险的目标和要求，这反映了中央对农业保险在政策上的持续发力并不断加大支持力度的决心。

粮食作物保险是农业保险的一项重要内容，粮食作物保险的发展无疑需要中央政府、地方政府保费补贴政策的支持。目前，一些地方政府有限的财力已经成为政策性粮食作物保险进一步拓展的现实瓶颈。为确保粮食作物保险的可持续发展，需要选择与政府财力相匹配的风险分散制度。为此，本书旨在测算巨灾风险准备金、区域产量保险、天气指数保险下的政府保费补贴支出，为政府选择匹配自身财力的分散制度提供依据。

二、研究意义

(一)有利于丰富和发展农业保险精算理论

改革开放以来，特别是实施农业保险的保费补贴政策以来，我国农业保险获得了前所未有的发展。尽管如此，我国的保险理论、保险精算理论的研究仍然相对滞后，没有形成一套能够指导保险实践的、符合我国国情的社会主义市场经济条件下的农业保险理论、农业保险精算理论。

理论源于实践并指导实践。一方面，保险理论来源于保险实践。保险理论是保险实践经验的总结，又是保险实践经验的升华，一旦脱离了保险实践，保险理论就成了无源之水；另一方面，保险理论又指导保险实践。保险实践是保险理论研究的落脚点，是保险理论研究的目标，只有不断地发展保险理论，才能更好地服务于保险实践。因此，保险理论研究应当走在保险实践的前面，要充分吸取各国丰富的保险理论，总结各国保险实践的经验，分析我国的国情，吸收、消化、创新、提高，达到丰富我国的保险理论、保险精算理论的目的。

粮食生产是生物性生产，容易受干旱、洪涝、干热风、霜冻等自然灾害的影响。各种自然灾害会打击农民的生产积极性，严重影响粮食生产。而保险可以分散各种自然灾害风险，稳定生产。因此，发展粮食保险是确保粮食安全的一个重要举措。

作为政策性农业保险的粮食作物保险，如何推进粮食作物保险顺利、全面地发展，对于确保我国粮食安全显得尤为重要。在粮食作物保险中，如何界定巨灾？如何厘定巨灾保险的费率？如何计算粮食作物巨灾保险下的政府保费补贴支出？如何厘定粮食作物区域产量保险的费率？如何计算区域产量保险下的政府保费补贴支出？对粮食作物天气指数保险来说，如何确定灾害触发值？如何设计灾害测度指标？如何厘定天气指数保险的费率？如何测算天气指数保险下的政府保费补贴支出？所有这些问题，都是首先必须从理论上加以解决的重要问题，这些问题的解决，将丰富社会主义市场经济条件下农业保险理论和农业保险精算理论。

(二)有助于贯彻执行党中央、国务院关于农业保险的政策

为贯彻落实党中央、国务院关于发展农业保险的文件精神，2019 年 10 月 12 日，财政部、农业农村部、银保监会、林草局四个部门联合发布了《关于加快农业保险高质量发展的指导意见》，明确提出了农业保险的近期目标和长期目标：到 2022 年，三大主粮作物，包括稻谷、小麦、玉米，农业保险覆盖率达到 70%以上，按农业从业人口计算的农业保险密度达到人均 500 元，按第一产业增加值计算的农业保险深度达到 1%。到 2030 年，农业保险总体发展基本达到国际先进水平，形成国家、产业、保险人、被保险人多赢的局面。本书研究匹配政府财力的粮食作物巨灾风险分散制度的选择问题，测算粮食作物在巨灾风险准备金、区域产量保险、天气指数保险下相应的政府保费补贴支出，为政府根据自身的财力选择最合适的风险分散制度提供依据，有助于粮食作物保险的可持续发展，有利于农业保险目标的如期实现。

(三)有利于乡村振兴战略的实现

研究匹配政府财力的粮食作物风险分散制度的选择问题，有助于粮食安全和农民增收。对粮食作物保险实施保费补贴，是政府支农惠农的重要政策之一，是推动粮食保险发展不可缺少的重要举措。粮食保险越完善，越能安定灾民，维持农民在灾后继续从事粮食作物生产的积极性，有利于增加粮食产量，有助于提高农民收入。

我国实践已经证明，只要价格稳定，农民收入会随着粮食产量的增长而提高。1999 年到 2003 年，我国粮食产量从 50838.58 万吨下降到 43069.53 万吨，农民人均纯收入的年平均增长速度为 3.9%。为了促进粮食生产，保障粮食安全，2004 年以后，党中央、国务院实施了一系列鼓励粮食生产的政策，粮食总产量从 2003 年的 43069.5 万吨增加到 2019 年的 66384 万吨，农民的收入也摆脱了增长滞缓的局面，人均纯收入年均增长速度达到 11.6%。

研究匹配政府财力的粮食作物风险分散制度的选择问题，有利于乡村振兴战略的实现。党的十九大报告指出，农业农村农民问题是关系国计民生的根本性问题，必须始终把解决好“三农”问题作为全党工作的重中之重。在“三农”问题中，首要的目标就是农业生产发展。积极发展粮食保险，就能给予农民稳定的收入预期，使农民即使在遭受自然灾害的情况下仍然能保持粮食生产的积极性，实现农业生产发展的目标，为乡村振兴奠定物质基础。粮食生产稳定，市场繁荣，农民收入就会增加，农民就会有充沛的精力从事其他产业的发展。所以，要实现乡村振兴战略，粮食生产是根本，粮食保险是粮食生产稳定的保障。

（四）有利于构建和谐社会

保障粮食安全有利于构建和谐社会。一方面，粮食安全是社会稳定的基础。只有粮食充足，能够满足人们的基本生活需求，人们才会安居乐业，这是社会和谐稳定的基本要求；另一方面，粮食安全才能够保障弱势群体的食品供给。弱势群体收入低，购买力不强，如果粮食短缺，就会引起粮食价格以及相关食品价格的上涨，导致弱势群体连基本的生存需要也不能得到满足，与高收入阶层差距拉大，容易造成社会的不和谐，威胁社会的稳定。为了保证弱势群体的第一生活需求，构建和谐共处的社会主义大家庭，就需要发展粮食生产，保证粮食安全。

研究匹配政府财力的粮食作物风险分散制度的选择问题，有助于政府对粮食作物的保费补贴支出“心中有数”，能使政府根据自身财力推动粮食作物保险的可持续发展，推进粮食保险在不同地区（包括落后地区）全面开展，有助于各地区及时防灾、减灾、抗灾，从而确保粮食安全。

（五）有利于促进国民经济协调发展

粮食作物保险旨在克服因自然灾害带来的粮食生产的起落，确保粮食生产的稳定，有助于保证粮食安全，它对国民经济协调发展意义重大。首先，只有粮食供应充足，能满足人们的基本生活需要，人们才会有充足的时间和充沛的精力从事其他产业活动，助推其他产业的发展；其次，粮食市场充足，粮食价格就能保持稳定，这是整个市场价格稳定的基础，价格稳定的市场才有利于各产业的平衡、协调发展；最后，粮食生产的发展能够带动农业生产的发展，可以为相关产业的发展提供所需的原材料，从而促进国民经济的协调发展。

第二节 文献综述

一、农业巨灾保险模式的文献综述

党中央、国务院对农业巨灾风险高度重视。2012年10月,国务院通过并发布了《农业保险条例》,对于提高农业生产的抗风险能力具有重要意义。《农业保险条例》不仅对发展农业保险、以保费补贴形式推进政策性农业保险提出了明确要求,而且为了应对重大自然灾害,处置巨灾风险,鼓励地方人民政府与中央政府一道共同分担农业巨灾风险,逐步建立健全了各级财政共同支持的农业巨灾风险分散机制。

迄今为止,对于巨灾风险来说,最好的风险管理工具是事前保险而不是事后救助(Eeckhoudt L,Gollier C,Schlesinger H,2005)[1]。粮食生产是野外生产,由于天气因素的关联性,粮食生产面临的风险常常是巨灾风险。处置粮食作物巨灾风险的方式多种多样,如:由公共财政兜底,再保险,担保,借款,农业巨灾风险证券化,建立健全巨灾风险准备基金,等等。就建立巨灾风险准备基金而言,财政部于2013年印发的《农业保险巨灾风险准备金管理办法》提到的建立"巨灾风险准备金"是针对经营政策性农业保险业务的保险企业而言的,它由保费准备金和利润准备金两部分组成,保费准备金来源于保险费,利润准备金来源于超额利润。保险企业的巨灾风险准备金对保险企业应对巨灾风险具有重要的作用,但是,这些巨灾风险准备金分散于各个独立运行的保险企业,不能在时间上更不可能在空间上分散农业巨灾风险,所以,建立由政府主导的国家级农业巨灾风险准备金是十分必要的。

对于分散巨灾风险,政府的作用是至关重要的,国内外许多学者对此有较深入的分析。农业巨灾如干旱、洪水等特殊的系统性风险一样,很难在时空上得以分散,增加了保险公司承保农作物非分散性风险的成本(Zeuli,Kimberly A,1999)[2],农业巨灾损失日益成为经营农业保险业务的保险公司破产的一个重要原因,遭受系统性风险损失而破产的保险公司已经不是个案,这也造成了农业巨灾保险的供给不足(Rode D,Fischhoff B,Fischbeck P,2000)[3]。Kunreuther H,Roth R J,Ebrary I(2000)[4]认为政府和市场的密切配合,才能较好地处置巨灾风险,才是解决问题的唯一出路，政府或者市场都无法单独成为解决巨灾风险管理的主体。Kunreuther H(2002)[5]，Dlugoleckia A，Hoekstrab E(2006)[6]，Hazell P(2006)[7]，Litan，Robert E(2006)[8]等人认为，任何长期的巨灾保险计划，都必须得到政府的财政支持，也必须让保险公司广泛参与，政府或者保险公司单独作为分散风险的主体都是不现实的。

刘京生(2005)[9]认为我国巨灾保险体制需要政府和商业保险公司共同参与，需要提供综合性巨灾保险模式以应对农业巨灾风险。杨宝华(2008)[10]提出了我国政府发展巨灾保险的模式应当是以市场增进为目的的政府协作模式。在这一模式下，政府和保险公司共同建立一个风险分散机制完善、良性发展的巨灾保险市场，保险公司是这一巨灾保险市场的主导者，政府是市场的协作者，是巨灾保险的超赔再保险人。谢世清(2009)[11]提出的巨灾风险管理模式是公私伙伴合作，政府的作用就是设计巨灾保险制度、提供相应的政策支持和推动巨灾保险的实施。郝演苏(2010)[12]倡导我国应当在政府的支持下建立专门的巨灾保障基金，使之成为巨灾风险的最后承担者，确保经营农业巨灾风险的保险公司不至于因巨灾损失而破产。庹国柱、王克、张峭、张众(2013)[13]认为，当巨灾风险发生时，保险公司的责任准备金对于支付巨额保险赔款往往是无能为力的，为确保农业保险的可持续发展，建立巨灾风险准备金变得十分必要，并讨论了巨灾准备金的构建原则、方式以及规模测算方法。霍然、王克、张峭(2014)[14]以河南小麦保险为例进行了实证研究，探讨了河南小麦的巨灾风险最优分摊模型，根据模型可以测算当巨灾赔付达到一定程度时，政府就应当启用财政资金用于巨灾赔付。

二、区域产量保险费率厘定的文献综述

农作物区域产量保险的费率厘定，主要有两类方法，一类是参数法，一类是非参数法。

参数估计法是农作物区域产量保险费率厘定传统运用的方法。参数估计法确定理论纯费率的基本原理是：求得单产损失的期望值占单产保障水平的百分比。参数估计法的难点在于确定单位面积产量的期望损失值，而计算期望损失值的前提是分析其概率分布密度函数。在服从正态分布的条件下，正态分布有均值和方差两个参数，费率则由均值和方差确定(Botts R R，Boles J N，1958)[15]。在大样本的情况下，King R P，Black J R，Benson F J，Pavkon P A(1988)[16]对基于正态分布的单位面积产量的损失期望值进行了近似的简化计算。为了充分利用农作物的历

年数据来计算费率,上述基于正态分布的费率厘定方法就转换为实际生产历史法(APH 法)。若根据历年单产建立趋势模型,利用模型进行适当的趋势调整,此时的实际生产历史法称作调整后 APH 法(Barnett S B J,1999)[17]。将调整后 APH 法进一步改进,即通过某种统计分析方法求得历年单位面积产量的理论值,然后根据历年实际单位面积产量与理论单位面积产量之差求得历年单位面积产量的损失值,据此计算的保险费率,称为经验费率法。理论单位面积产量是通过农作物历年实际单位面积产量的时间序列趋势来确定的,线性趋势模型虽然简便,但不一定是最优的选择,Menz K M,Pardey P(1983)[18]在分析农作物单位面积产量的时间序列趋势时引入了具有状态转移的随机趋势模型。Kaylen M S,Koroma S S(1991)[19]利用农作物历年实际单位面积产量时间序列数据估计了随机趋势方程。也可以利用时间序列的 ARMA 模型来估计农作物产量的趋势值,这就相当于同时考虑了农作物单位面积产量自身的自回归与滑动平均效果了。对于非正态分布来说,Day(1965)选择了负偏的 Beta 分布,认为负偏的 Beta 分布是最适宜的;Gallagher(1987)以正偏的 Gamma 分布作为美国大豆单位面积产量的分布形式;Nelson,Preckel(1993)使用条件 Beta 分布进行分析;Moss,Shonkwiler(1993)利用逆双曲线正弦分布来拟合历年的单位面积产量。

我国学者庹国柱、丁少群(1994)[20]选择平均亩产量为集中趋势的指标和亩产量变异系数为离散程度的指标,以指标图重叠法对陕西泾阳的棉花生产进行了风险区划,并基于正态分布厘定了各风险区的保险费率。黄崇福、刘新立(1998)[21]选择湖南省作为样本,采用了信息扩散的模糊数学方法评估了湖南全省的农业旱涝风险。刘长标(2000)[22]研究了农作物的保险风险区划问题,提出了选择风险因子的方法和操作步骤。邢鹂、钟甫宁(2006)[23]选择粮食单产变异系数、成灾概率、专业化指数、效率指数四个主导指标,运用聚类分析方法对全国粮食产地以省(市、区)为单位进行了风险等级区划。陈新建、陶建平(2008)[24]选择湖北省作为样本,以县(市)为单位进行了风险等级划分,采用正态分布厘定了各风险区水稻作物的保险费率。聂建亮、叶涛、王俊、史培军(2012)[25]分析了区域产量指数保险与农户尺度多灾种产量保险之间存在的差异,基于抽样大田产量的时间序列数据探讨了农作物多灾种产量险费率厘定方法,以省(市、区)为单位,针对水稻、小麦和玉米三种粮食作物,利用历年实际单产时间序列数据和气象站点的抽样单产时间序列数据,测算了我国各省(市、区)的纯费率。杨晓煜、鞠荣华、杨汭华、周俊玲、李晓峰(2012)[26]选取河南省的焦作市、新乡市、鹤壁市、洛阳市和驻马店市作为样本,单产分布为正态分布、Weibull 分布和 Logistic 分布，采用经验费率法，厘定这 5 个市小麦保险的纯费率。结果表明，焦作市、新乡市、鹤壁市、洛阳市和驻马店市小麦单产的最优分布分别是正态分布、Weibull 分布、Logistic 分布、Logistic 分布、Logistic 分布，计算的单产均值分别为 524 kg、458 kg、104 kg、341 kg、421 kg，厘定的纯保险费率分别为 1.77％、1.14％、6.32％、4.70％、2.55％。实证研究结果表明，不同分布模型拟合出的费率不同，应该充分考虑不同地区小麦单产本身的真实分布状况选择最优的拟合分布模型；不同地区的小麦单产均值和保险费率有差异，各地一刀切的保险费率对参与保险的各方利益主体而言是不合理的。陈平、陶建平、赵玮(2013)[27]以湖北省中稻为例对区域产量保险费率厘定进行了初步的研究，运用因子分析法筛选了 12 个影响因子，并用聚类分析对湖北省中稻生产区划分了 4 个风险等级；根据中稻生产风险等级区划和各县域中稻产量分布趋势特征，初步厘定了湖北省中稻区域产量保险纯费率；最后依据风险等级的区划结果调整了各地区的保险费率。丰雪、吕杰、刘宪敏(2014)[28]引入最大熵原理，基于最大熵优化模型得出农作物单产的最大熵分布，并以此进行费率厘定。以辽宁省主要作物水稻、玉米、大豆和花生为例，确定了这四种农作物的费率分别为 4.45％、6.77％、6.34％、6.43％。利用最大熵分布理论进行费率厘定，其特点是不需要事先假定农作物单产的分布，这为农业保险费率的厘定提供了一种新思路，有助于在比较中提高费率厘定的准确性。

农业保险费率厘定的另一类方法为非参数法，非参数法一般采用的核函数有多种，最常用的为高斯核。Turvey C G，Zhao C(1993)[29]就农作物产量保险的费率以非参数核密度估计法进行了厘定，测算时使用的样本容量不大，效果不太理想。Goodwin B K，Ker A P(1998)[30]采用非参数估计法，在扩大样本的情况下厘定了农作物产量保险费率，提高了厘定的精确度。随后，Ker A P，Goodwin B K(2000)[31]对非参数核密度估计法进行了重新设计，提出了适应性核密度算法，厘定费率的精度比非参数核密度估计法有了明显改进。刘长标(2000)[22]在评估农作物区域产量风险时，采用了非参数密度估计的信息扩散法。谭英平(2003)[32]从估计密度与真实密度之间的误差角度，为选择非参数核密度估计法的合适带宽(组间参数)进行了专门探讨。钟甫宁、邢鹂(2004)[33]选择的核函数为正态分布函数，在风险区划的基础上，估算了各省(市、区)农作物的受灾率。王丽红、杨华(2007)[34]选择河北省安国市作为样本，采用非参数核密度法，厘定了安国市玉米产量保险的纯费率。梁来存(2009)[35]分析认为在样本较小、总体分布未知的情况下，传统的参数估计法厘定的费率不准确、不稳定。非参数核密度估计能够适用于任意分布，不需要分析总体的分布形式，所以，粮食保险的纯费率厘定可以采用非参数核密度法。核函数选择高斯函数，以各省（市、区）为单位，计算了我国各省（市、区）粮食单产保险的纯费率。实证研究的结果表明，南方粮食保险的纯费率相对较低而北方相对较高，东部地区相对较低而中西部地区相对较高。李永、孙越芹、夏敏（2011）[36]将非参数估计法与小波分析法相结合，改进了农作物保险费率厘定的非参数法。选择北京市冬小麦作为样本，冬小麦的趋势产量通过小波分析求得，核函数选取高斯函数，对北京市冬小麦保险的纯费率进行了厘定。于洋（2013）[37]选择辽宁、黑龙江、大连的水稻、玉米和大豆三种粮食作物作为样本，采用非参数核函数平滑法，基于历年的单位面积产量的实际时间序列数据，拟合了单产损失分布，同时利用传统的正态概率密度对区域作物单产分布进行了拟合。在拟合损失分布的基础上，分别厘定出不同保险水平农作物区域产量保险的纯保险费率。经测算发现，非参数核密度下测算的纯费率较高，而传统正态概率密度下厘定的纯保险费率较低。保险水平在70％－80％间的参数法及非参数法测算的纯保险费率均低于政策性农业保险的现行费率。王国军、赵小静（2015）[38]运用1990—2013年河南省各市、县的小麦单产、面积、农业保险赔付率、水利设施、灾情数据，在河南省市级风险区划的基础上完成了县域小麦生产风险区划，同时利用非参数法厘定了保险纯费率。占纪文、郑思宁、徐学荣（2019）[39]阐述了风险区划与费率厘定的机理与方法，选取福建省县域的中晚稻作为样本，采用稻谷历年平均减产率、减产年平均减产率、变异系数、减产年变异系数、减产年发生频度、生产专业化指数6个指标，采用聚类分析法进行风险等级划分，得到低、中、高三个风险大区，并采用非参数核密度估计法厘定了各风险单位中晚稻的纯费率。

三、天气指数保险的文献综述

按照农业保险模式的发展顺序，农业保险有传统农业保险和指数化保险。指数化保险主要包括区域产量保险和天气指数保险。2014年8月，国务院印发了《关于加快发展现代保险服务业的若干意见》，即保险业“新国十条”，这一文件明确倡导要“探索天气指数保险等新兴产品和服务，丰富农业保险风险管理工具”。

天气指数保险是指选择某一个或几个与作物损失相关程度高的气象因子（例如气温、降水量、日照时间等），根据历史数据确定该气象因子的触发值。将农作物生长期内该气象因子的实际值与触发值相比较,以决定是否赔偿和赔偿多少(张玉环,2017)[40]。

天气指数保险,即气象指数保险。关于天气指数保险的研究主要集中在两个方面:一方面是关于天气指数保险的优势和不足。和传统农业保险、区域产量保险相比较,天气指数保险的优势是明显的:一是在同一风险保险区域内,所有投保人购买保险的费率相同,灾害发生时赔付相同,保险条款明确,透明度高;二是最大限度地降低了信息不对称,抑制了逆选择行为;三是赔付的依据为实际天气指数,与减产与否无关,较好地克服了道德风险;四是能承保指定风险,在风险控制上效率更高;五是易于将风险分散到再保险或其他金融市场(Skees J,2008;Collier B,Skees J,Barnett B,2009)[41]、[42]。在实践中,天气指数保险操作相对简单,有效降低了行政成本和交易成本(Manuamorn O P,2010)[43]。天气指数保险所具有的优势已经被越来越多的学者所认可,它是传统农业保险的有效替代方式,是发展中国家农业保险的发展方向(World Bank,2005;Chantarat S,Barrett C B,Mude A G,Turvey C G,2007;Barnett B,Barrett C B,Skees J R,2008)[44]、[45]、[46]。我国学者魏华林、吴韧强(2010)[47]分析了天气指数保险的产品特性,认为天气指数保险将区域产量保险和指定风险保险的优势集结在一起,克服市场失灵,降低运营成本,提高农业保险经营效率,是农业保险可持续发展的重要支撑,应采取多种措施推动天气指数保险的发展。许闲、杨宇佳(2013)[48]认为,由于天气指数保险以实际天气指数与触发点作比较,既解决了信息不对称和道德风险的问题,又节省了费用,加快了理赔进程。吕开宇、张崇尚、邢鹂(2014)[49]认为,实施天气指数保险,信息不对称问题弱化,成本低,费率低,更受低收入农户的欢迎,且具有有效转移巨灾风险的潜力。祝仲坤(2016)[50]基于两步全局主成分分析法从全国层面、省域层面评估了农业保险增长质量,认为保费补贴和专业性保险机构助推了质量的提升,对未来天气指数保险的实施、推广也将有重要促进作用。一些学者也分析了天气指数保险的不足。Carter M R,Galarza F,Boucher S(2007)[51]认为,天气指数保险的赔款与作物损失之间不匹配,存在基差风险,并且由于统一赔付的方式可能会存在公平性问题(庹国柱,2014)[52]。农户认知水平所限,对这一新型农业保险产品不熟悉,导致有效需求不足,并且指数的构建是一个不容易解决的技术难题(吕开宇、张崇尚、邢鹂,2014)[49]。另一方面是关于天气指数保险的产品设计。Turvey C G,Chiang W S H C(2006)[53]采用 Monte Carlo 模拟,以美国与加拿大交界处的安大略湖的冰葡萄酒作为样本,厘定了天气指数保险的费率。Bokusheva R,

Breustedt G(2012)[54]采用计量经济分析方法建立产量关于天气因素的回归模型，定量反映天气变化对产量的影响，据此计算天气指数保险的费率。Taib C M I C, Benth F E(2012)[55]就气温指数保险的定价问题采用参数法、非参数法进行了探讨，并对其结果进行了分析比较。Daniel J C, Mahul O, Verma N(2012)[56]采用经验贝叶斯方法，探讨了风速、湿度、温度等天气指数保险的费率厘定。Leblois A, Quirion P(2013)[57]认为实施天气指数保险的一个不容忽视的问题就是如何降低基差风险，尽量准确地预测产量、减少各期计算单产变化的误差、准确测算天气变化对单产变化的影响度等，能提高定价的准确性，降低基差风险。我国学者也进行了相关研究。牛浩、陈盛伟(2015)[58]以山东省宁阳县为例，通过HP滤波法、回归分析法的比较分析，确定HP滤波模型与风雨倒伏指数的无差异关系，并厘定玉米气象指数保险费率。张萍(2015)[59]以山东省冬小麦为例，构建经济计量模型确立了气温、年降雨量、日照时间关于小麦单产的定量关系，进而对山东省各市冬小麦的天气指数保险进行定价。杨帆、刘布春、刘园、杨晓娟(2015)[60]研究了东北三省玉米作物的天气指数保险，基于逐日降水量资料构建了干旱指数，计算干旱指数的概率分布密度函数，测算出发生干旱的阈值，并以不同的时间尺度分别厘定了保险纯费率。熊旻、庞爱红(2016)[61]以江西省南昌县为例，基于逐日降水量数据、暴雨灾害记录和早稻单产数据，设计了暴雨气象指数，建立早稻因灾损失模型，确定了暴雨要素和早稻减产率之间的定量关系。通过非参数方法拟合减产率的分布，从而得到早稻暴雨指数保险的纯费率。李睿涛、刘京会、周洪奎、张存杰、段居琦(2017)[62]通过对冬小麦气象指数与减产率的回归分析，确定不同减产率范围下对应的气象指数临界值，构建了干旱灾损模型，厘定了保险纯费率。刘新立、叶涛、方伟华(2017)[63]对海南省橡胶树风灾保险进行了研究，研究表明，橡胶树风灾的历史损失是由孕灾环境要素导致的，孕灾环境要素可以由地形起伏度、风前降水、风速等指标来反映。采用计量经济分析方法建立多指标回归模型进行分析，在可能影响橡胶树风灾损失的多个指标中，风速指标的解释能力最好。刘凯文、刘可群、邓爱娟、杨涛、苏荣瑞(2017)[64]对高温热害天气指数保险进行了研究，以中稻品种为例，建立结实率模型和减产率模型，基于试点县的气温数据资料，采用威布尔分布拟合高温热害风险的尾部分布，构建了分时段的高温热害风险分布模型，探讨出高温热害天气指数保险多种投保方案。张静、张朝、陶福禄(2017)[65]研究了南方双季稻地区粮食作物的天气指数保险，通过相关系数的计算分析，发现气象产量损失与温度灾害指数之间的整体相关程度和内部匀质性均较高，可保区的质心随种植制度的改变而迁移，其中实行冷害天气指数保险最具可靠性。曾小艳、郭兴旭(2018)[66]依照天气指数保险合约定义，基于湖北省78个县市的降雨量数据，采用经济—气候模型，分别设计了干旱指数保险合约和暴雨灾害指数保险合约。聂荣、宋妍(2018)[67]利用辽宁各地市的面板数据，以玉米作物为研究对象，对气象指数保险进行了研究。对于降水量气象因子，在构造玉米干旱指数的基础上，依据期望损失法的思路，对辽宁玉米干旱指数保险的费率进行了厘定。谭英平、龚环(2018)[68]通过分析我国天气指数保险的发展状况，系统梳理了目前国内外主流的各类天气指数保险产品定价方法，比较了各自的优缺点和适用范围，进而以我国湖南省水稻指数保险为例，尝试探讨经典燃烧法在其保费厘定过程中的应用，最后针对我国天气指数保险产品未来的发展提出了建议。王月琴、赵思健、聂谦山(2019)[69]以山西沁县谷子为例，构建了干旱指数和暴雨指数，利用数据优化匹配方法，定量评估了天气指数对作物产量的影响，进行了综合天气指数保险研究。梁来存(2019)[70]以稻谷的所有自然风险为研究对象，基于各省(市、区)历年的资料，在推算灾损数据的基础上，利用广义帕累托分布界定了巨灾，采用参数法思路探讨了稻谷巨灾保险问题。

四、文献述评

(一)粮食作物的巨灾风险准备金方面

国内外的已有文献不仅认为政府应当在农业巨灾保险中发挥重要作用，而且需要政府作为巨灾风险的“最后承担者”，并充分强调国家级巨灾准备基金的重要性。但是，以往文献尚未探究国家级巨灾准备金的规模问题。粮食作物保险是政策性农业保险，政府需要“心中有数”，需要就粮食作物巨灾保险的政府保费补贴进行财政预算。所以，探讨粮食作物国家级巨灾准备基金的规模测算是一个无法回避的重要问题。

本书首先基于历年粮食单产的数据，推算各年份的灾损数据；再采用样本经验平均超出函数图、指数QQ图等方法诊断灾损数据的厚尾性；以样本平均超出函数法、正态近似方法、峰度法初步估计门限值μ，该门限值μ就是巨灾的界定值；根据极值理论PBDH定理，在MDA条件下超额损失分布函数收敛于GPD，采用极大似然法估计超额损失分布的参数值；按照V. Choulakian和M. S. Stephens(2001)的研究，采用假设检验的思想对建立的GPD模型进行检验，检验通过的GPD模型所对应的门限值μ即为最终确定的巨灾的界定值；然后利用经验费率法厘定出各省（市、区）粮食作物巨灾保险的费率；最后在粮食单位面积实际赔付达到当年所缴保费150%（或200%）以上便启动国家级巨灾准备金的假定下，测算我国粮食保险国家级巨灾准备金的规模。

（二）粮食作物区域产量保险的费率厘定方面

参数估计法厘定费率，需要知道总体服从何种分布，而且必须是大样本。实际上，总体分布是未知的，当样本容量较小时估计会不准确、不稳定。非参数法厘定保险费率，不需要知道总体的分布形式，它能适应任意的分布函数。所以，当总体分布未知时，非参数法是一种不错的选择。

借鉴已有研究的成果，本书探讨了基于非参数核密度法的粮食保险的纯费率厘定方法。由于核密度估计中对核函数的选择并不重要，本文选用最为常用的高斯核。对于至关重要问题带宽的选择，由于JB统计量检验在1%显著性水平上单产服从正态分布，故可选用Silverman的"经验法则"计算带宽。根据历年的实际数据，利用软件Matlab编程功能计算出期望损失，以期望损失与保障水平之比得到非参数法粮食单产保险的纯费率。

（三）天气指数保险方面

国内外学者已经充分肯定了天气指数保险所具有的种种优势：不存在信息不对称，减少了道德风险和逆向选择；设计保单、日常监督、理赔勘察等工作量大大减少，降低了保险人的经营管理成本；理赔与否、理赔多少与作物受损状况无关，提高了投保人管理生产的积极性；保单标准化有助于扩大保险覆盖面，有利于分散风险；等等。天气指数保险的这些显著优势，使它成为传统农业保险的重要补充，甚至是有效替代，是农业保险未来的发展方向。为了推进农业保险健康、持续地发展，提高农业财政保费补贴资金的使用效率，选择天气指数保险，并科学、准确地厘定天气指数保险的费率，测算相应的政府保费补贴，具有十分重要的意义。

目前，关于天气指数保险的研究，未能引起足够的重视，有待进一步探索：一是关于灾害触发值的确定，很多研究往往进行假设，或者以（降水量、气温、日照时间等的）平均值作为触发值，既缺乏理论依据，也带有一定的随意性；二是关于天气指数保险的费率，有的对费率进行假设，有的在定价上缺乏数理依据。

本书借鉴以往学者的研究成果，将概率分布理论、统计分析方法、计量分析方法运用于天气指数保险（包括降水量、气温、日照时间天气指数保险），探讨天气指数保险的费率厘定方法，测算天气指数保险下的政府保费补贴支出。一是基于概率分布理论，确定天气指数保险的触发值；二是设计天气灾害测度指标，测定天气灾害（干旱、低温、短日照）的严重程度；三是设置并计算气候减产率，分析粮食作物单产因气候因素而波动的程度；四是确定气候减产率与天气灾害测度指标之间的定量关系；五是在估计天气灾害测度指标的期望值的基础上厘定出天气指数保险的费率，进而测算相应的政府保费补贴支出。该研究方法基于概率分布理论较好地确定了灾害触发值，基于触发值设计了天气灾害测度指标，科学地厘定了保险费率，进而测算政府的保费补贴支出，把赔付概率、灾害触发值、天气灾害测度指标、保险定价、政府的保费补贴几者有机地联系在一起，更符合实际。该方法为研究天气指数保险提供了一条新的思路。

第三节　研究思路与创新之处

一、研究思路

本书在梳理农业巨灾保险模式、区域产量保险费率厘定、天气指数保险等方面的国内外文献资料并进行评述的基础上，首先，研究了粮食作物国家级巨灾风险准备金的规模测算问题，包括粮食作物巨灾的界定方法、巨灾保险的费率厘定方法、国家级巨灾风险准备金规模的测算方法，并以我国稻谷作物为例进行了规模测算。其次，研究了粮食作物区域产量保险政府保费补贴支出的测算问题，包括区域产量保险费率的厘定方法和政府保费补贴支出的测算方法，并以长沙县早稻为例进行了实际测算。再次，探讨了粮食作物天气指数保险政府保费补贴支出的测算问题，包括在一定的赔付概率下触发值的确定方法，干旱、低温、短日照等灾害测度指标的设计与计算方法，天气指数保险费率的厘定方法，政府保费补贴支出的测算方法，并以长沙县早稻作物为例进行了实证研究。最后，将巨灾风险准备金制度下的政府保费补贴支出、区域产量保险的政府保费补贴支出、天气指数保险的政府保费补贴支出进行分析比较，为政府尤其是市（县）政府根据自身的财力选择相匹配的风险分散制度提供了依据。

二、创新之处

(一)灾害触发值的确定具有数理依据,且更符合实际

触发值的确定是研究天气指数保险首先应当解决的关键问题,只有先确定了触发值,才能进行后续的费率厘定。以往研究中的触发值,或者对其取值进行假定,或者取平均水平作为触发值,如降水量的平均值、气温的平均值、日照时间的平均值等。本书基于概率分布理论在确定统计量分布的基础上,借助统计学的区间分析,在给定灾害发生概率(也就是因灾赔付的概率)的前提下,确定灾害发生的触发值。这样确定触发值,一方面,触发值确定具有数理依据,更具有科学性;另一方面,触发值确定更符合实际,因为当触发值发生变化时,灾害发生的概率随之变化,赔付的概率也相应变化。

(二)科学地设计了粮食作物的灾害测度指标

粮食作物遭受的气候灾害,主要来自于降水量、气温、日照时间等方面。基于概率统计理论与方法,借助历年的数据资料,本书在确定灾害触发值的基础上,设计并计算了干旱测度指标、低温测度指标、短日照测度指标,它们分别反映干旱灾害、低温灾害、短日照灾害的严重程度。

(三)保险费率厘定更加科学

在本书中,基于概率分布理论确定了灾害触发值,基于统计理论与方法设计了灾害测度指标,基于计量经济理论构建气候减产率关于灾害测度指标的模型,基于分布理论测算灾害测度指标的期望值,然后按照参数法的思路厘定天气指数保险的费率。在这个费率厘定的过程中,由于基础工作——触发值的确定和灾害测度指标的设计具有充分的数理依据,所以,费率厘定更加科学。科学的费率厘定,必然使得基于保险费率的政府保费补贴支出的测算更加精确。

(四)政府保费补贴支出的测算方法逻辑严密,科学完整,自成体系

以干旱天气指数保险为例:先设计一个关于降水量的统计量,确定该统计量的具体分布;再假定一个干旱赔付的概率,这个赔付概率和统计量分布就决定了干旱保险的触发值了;当实际降水量低于干旱触发值时,意味着干旱灾害发生了,且低

得越多灾害越严重，所以，触发值又决定了干旱测度指标的大小；建立气候减产率关于干旱测度指标的计量模型，这时干旱测度指标的大小又决定它对气候减产率的影响程度；再求干旱测度指标的期望，该期望值自然也由干旱测度指标的大小所决定；按照参数法厘定费率，干旱测度指标对气候减产率的影响程度、干旱测度指标的期望两者共同决定费率的大小；最后，政府的保费补贴支出是基于保险费率计算的，费率的大小又决定政府支出的多少。所以，该干旱天气指数保险政府保费补贴支出的测算，逻辑严密，层层递进，内容完整，自成体系，把赔付概率、干旱保险触发值、干旱测度指标、干旱保险定价、政府的保费补贴支出有机地联系在一起，并进行了实证研究。

第二章 粮食作物巨灾准备金制度下政府支出的测算

本章内容

- 粮食作物巨灾准备金制度下政府支出的测算方法
- 粮食作物巨灾准备金制度下政府支出的实际测算

第一节 粮食作物巨灾准备金制度下政府支出的测算方法

一、粮食作物巨灾保险费率厘定的方法

巨灾保险纯费率的厘定方法有多种，这里基于期望损失法来研究粮食作物巨灾保险的费率厘定。

保险标的为粮食作物的单产 X，保障程度为 λ，$\hat{X}$ 表示趋势单产，可视为正常单产，即在没有遭受自然灾害的情况下粮食作物理应达到的单产水平，该年粮食作物的保障水平为 $\lambda \cdot \hat{X}$。将实际单产与正常单产相比较，单产损失若超过了某一临界值(门限值)μ，则认为该年粮食作物受到了巨灾。

按照期望损失法的思路，粮食作物巨灾保险的纯费率 p 为粮食作物单产巨灾损失的期望值与保障水平之比。对于各年来说，有的年份发生了巨灾，有的年份没有发生巨灾，z 表示发生了巨灾的年份单产的巨灾损失量，则粮食作物巨灾保险的纯费率 p 为：

$$p = \frac{\text{所有年份农作物单产巨灾损失的期望值}}{\text{承保的单产产量}}$$

$$= \text{巨灾发生的概率} \times \frac{\text{巨灾发生年份的农作物单产巨灾损失的期望值}}{\text{承保的单产产量}}$$

$$= f \times \frac{E(z)}{\lambda \cdot \hat{X}} = f \times \frac{\int_{\mu}^{\infty} z f_{\mu}(z) \mathrm{d}z}{\lambda \cdot \hat{X}} \tag{2-1}$$

这里，f 表示巨灾发生的频率，$f_{\mu}(z)$ 为 z 的概率密度函数。

现令 $z-\mu = w$，μ 为粮食作物发生巨灾的临界值(门限值)，则 w 表示单产巨灾损失超出额，$f_{\mu}(w)$、$F_{\mu}(w)$ 为 w 的概率密度函数、概率分布函数，这时

$$p = f \times \frac{E(w)+\mu}{\lambda \cdot \hat{X}} = f \times \frac{\int_{0}^{\infty} w f_{\mu}(w) \mathrm{d}w + \mu}{\lambda \cdot \hat{X}} \tag{2-2}$$

分析式(2-2)可知，农作物巨灾保险的纯费率的厘定，需要解决这样一连串问题：了解灾损数据的分布特征；超出损失 w 序列服从何种分布，其概率分布函数 $F_{\mu}(w)$ 如何计算；门限值 μ 如何确定；估计 GPD 模型并进行检验；根据 GPD 模型计算 $E(w) = \int_{0}^{\infty} w f_{\mu}(w) \mathrm{d}w$，进而计算出纯费率 p。

(一) 灾损数据厚尾性的诊断

先获取灾损数据。以 LOSS_{it} 表示粮食实际单产 X_{it} 相对于保障水平 $\lambda\hat{X}_{it}$ 的单位面积灾损数据值。比较实际单产与保障水平：当实际单产较小时，认为该年遭受了自然灾害，有灾损数据，$\mathrm{LOSS}_{it} > 0$；当实际单产较大时，认为该年没有遭受自然灾害，没有灾损数据，$\mathrm{LOSS}_{it} = 0$。所以

$$\mathrm{LOSS}_{it} = \max\{0, \lambda\hat{X}_{it} - X_{it}\} \tag{2-3}$$

变量的厚尾分布，是相对于指数分布而言的，是指它比指数分布的尾部更厚。GPD 具有厚尾分布的特征。常用的厚尾性诊断方法有以下两种：

1. 样本经验平均超出函数图

若变量 z 的期望存在，z 的平均超出函数(Mean Excess Function)定义为：$e(\mu) = E((z-\mu)/(z>\mu))$。经推导，$e(\mu) = \frac{\beta}{1-\xi} + \frac{\xi}{1-\xi}\mu$。

根据样本数据计算时，样本经验超出函数 EMEF 定义为：

$$e_n(\mu) = \frac{1}{\#\{1 \leqslant i \leqslant n, z_i > \mu\}} \sum_{i=1}^{n} (z_i - \mu)^{+} \tag{2-4}$$

式(2-4)中，$\#\{1 \leqslant i \leqslant n, z_i > \mu\}$表示在$\{z_i, i = 1,2,\cdots,n\}$中大于门限值$\mu$的数据个数。当$z_i > \mu$时，$(z_i - \mu)^+ = z_i - \mu$；当$z_i \leqslant \mu$时，$(z_i - \mu)^+ = 0$。

对于横轴为μ、纵轴为$e_n(\mu)$构成的样本经验平均超出函数散点图，如果散点图近似地在一条水平线上，说明变量z服从指数分布；如果散点图具有向上趋势，说明变量z具有厚尾分布的特征；如果散点图具有向下趋势，说明变量z具有薄尾分布的特征。

2. 指数 QQ 图

利用 SPSS 软件可直接作出指数 QQ 图。根据指数 QQ 图的形状进行判断：如果指数 QQ 图中的散点大致在一条直线上，说明该变量近似服从指数分布；如果指数 QQ 图中的散点分布向上凸，表明理论分位数比经验分位数增长慢，说明该变量服从厚尾分布；如果指数 QQ 图中的散点分布向下凸，说明该变量服从薄尾分布。

(二)$F_\mu(w)$分布的逼近——GPD

GPD，即广义 Pareto 分布，实际应用中用得最多的是双参数情形，其分布函数为：

$$G_{\xi,\beta}(w) = \begin{cases} 1-\left(1+\dfrac{\xi w}{\beta}\right)^{-1/\xi} & \text{当 } \xi \neq 0 \\ 1-\exp\left(-\dfrac{w}{\beta}\right) & \text{当 } \xi = 0 \end{cases} \tag{2-5}$$

其中，当$\xi \geqslant 0$时，$w \in [0,\infty)$；$\xi < 0$时，$w \in [0, -\beta/\xi]$。

设样本$z_i, i = 1,2,\cdots,n$对应的总体的分布函数为F，F的上端点为z_+，μ表示门限值，$\mu < z_+$，令：

$$F_\mu(w) = P(z - \mu \leqslant w / z > \mu) = \frac{F(w+\mu) - F(\mu)}{1 - F(\mu)}, w \geqslant 0 \tag{2-6}$$

称$F_\mu(w)$为门限值μ的超出损失w的分布函数。

Balkema，Dehann(1974)，Pickands(1975)已经证明了如下定理：对于超额损失随机变量w，在 MDA 条件下，w的分布函数收敛于 GPD。即存在一个正的可测函数$\beta(\mu)$，使得：

$$\lim_{\mu \to z_+} \sup |F_\mu(w) - G_{\xi,\beta(\mu)}(w)| = 0 \tag{2-7}$$

成立的充要条件是$F \in \mathrm{MDA}(H_\xi)$。这就是 PBDH 定理。

根据 PBDH 定理，门限值为 μ 时，可以近似地用 $G_{\xi,\beta(\mu)}(w)$ 来作为 w 的概率分布函数，其中，ξ 和 $\beta(\mu)$ 未知。

(三)门限值 μ 的确定

在运用 GPD 描述厚尾损失分布时，门限值 μ 的确定非常关键，它是正确估计参数 β 和 ξ 的前提。可以利用以下方法估计门限值 μ。

1. 样本平均超出函数法

可以利用 $e(\mu)$ 来估计门限值 μ，$e(\mu)$ 是未知的，但是，可以用 $e_n(\mu)$ 来估计 $e(\mu)$。

用 $e_n(\mu)$ 关于 μ 的散点分布图来确定一个适当的门限值的方法是：如果散点分布图基本上在一条水平线上，表明该数据服从指数分布；如果散点分布图在某一个门限值 μ 之后呈斜率为正的线性变化趋势，表明该数据服从 GPD；如果散点分布图在某一个门限值 μ 之后呈斜率为负的线性变化趋势，表明该数据呈薄尾分布。

2. 正态近似方法

McNeil 和 Frey 提出了正态近似方法来确定门限值 μ。先提出假定，对于灾损随机变量 z，它的概率分布函数为 $F(z)$，$F(z)$的左边和中间都是正态分布，右边服从 GPD。在这一假定下，根据概率分布函数 $F(z)$的右连续性可知，可以取满足如下不等式的最大的 z 作为门限值。：

$$\Phi(z)<1-\frac{N_\mu}{n} \tag{2-8}$$

式(2-8)中，$\Phi(z)$为取值为 z 时的正态分布函数值，该正态分布的特征值均值和方差依历史数据计算得到，n 为样本尺寸，N_μ 为超过 μ 的数据个数。

3. 峰度法

峰度法确定门限值 μ 是由 Pieere Patie(2000)提出来的，其思路是：对于观测到的样本数据，如果该样本数据服从正态分布，则它的峰度系数值等于 3；如果该样本数据服从厚尾分布，则它的峰度系数值大于 3，故对于灾损数据 z_i 序列，其平均值为 $\bar{z}$，可计算$|z_i-\bar{z}|$序列，从中删除使得$|z_i-\bar{z}|$值最大的 z_i，如此反复进行，一直到删除后剩下来的样本灾损数据的峰度系数等于 3 为止。这时，剩余样本灾损数据服从正态分布，其中的最大值即为峰度法所求的门限值。可见，峰度法所求的门限值 μ 实质上是灾损数据厚尾分布与剩余灾损数据正态分布的分割点。

(四)参数 ξ、β 的估计与检验

估计参数 ξ 和 β,可以采用极大似然法。

首先求得它的密度函数为:

$$f(w)=\frac{1}{\beta}\left(1+\frac{\xi w}{\beta}\right)^{-\frac{1}{\xi}-1}$$

在给定样本 $w=\{w_1,w_2,\cdots,w_n\}$ 时,可以得出 GPD 的对数似然函数为:

$$L(\hat{\xi},\hat{\beta}/w)=\begin{cases}-n\ln\hat{\beta}-(1+1/\hat{\xi})\sum_{i=1}^{n}\ln(1+\hat{\xi}w_i/\hat{\beta}) & \text{当 }\hat{\xi}\neq 0\text{ 时}\\ -n\ln\hat{\beta}+(1/\hat{\beta})\sum_{i=1}^{n}w_i & \text{当 }\hat{\xi}=0\text{ 时}\end{cases}$$

对 $L(\hat{\xi},\hat{\beta}/w)$ 求极值,即令偏导数为 0,化简后即得:

$$\begin{cases}(1+\hat{\xi})\sum_{i=1}^{n}\dfrac{w_i}{\hat{\beta}+\hat{\xi}w_i}=n\\ \hat{\xi}n=\sum_{i=1}^{n}\ln\left(1+\dfrac{\hat{\xi}w_i}{\hat{\beta}}\right)\end{cases}\tag{2-9}$$

可以解得 $\hat{\xi}$、$\hat{\beta}$。

对于建立的 GPD 模型仍需要进行检验,V. Choulakian 和 M. S. Stephens (2001) 提出了采用假设检验法的思想来进行检验,方法如下:

H_0:超额灾损数据 $w_1,w_2,\cdots,w_n$ 来自于服从 GPD 的总体,并计算样本统计量 W^2 和 A^2:

$$W^2=\sum_{i=1}^{n}\left(z_i-\frac{2i-1}{2n}\right)^2+\frac{1}{12n}\tag{2-10}$$

$$A^2=-n-\frac{1}{n}\sum_{i=1}^{n}(2i-1)\left[\ln\{z_i\}+\ln\{1-z_{n+1-i}\}\right]\tag{2-11}$$

其中,$z_i=F(w_{n.i})$,$w_{n.1},w_{n.2},\cdots,w_{n.n}$ 为 $w_1,w_2,\cdots,w_n$ 的递增顺序统计量。

将 W^2、A^2 与 GPD 检验值表(该检验值表是由 V. Choulakian 和 M. S. Stephens 通过 10000 次蒙特卡罗模拟得到)中的临界值相比较,以判断是否通过检验。将 α 值与显著性水平相比较,当 α 值较小时,拒绝原假设 H_0,即 $w_1,w_2,\cdots,w_n$ 并非来自于服从 GPD 的总体;当 α 值较大时,接受原假设 H_0,即 $w_1,w_2,\cdots,w_n$ 来自于服从 GPD 的总体。

（五）计算纯费率

根据经检验通过的 $\hat{\xi}$、$\hat{\beta}$ 值，计算

$$E(w)=\int_0^{\infty} w f_{\mu}(w)\mathrm{d}w=\int_0^{\infty} w\left[\frac{1}{\hat{\beta}}\left(1+\frac{\hat{\xi}w}{\hat{\beta}}\right)^{-\frac{1}{\hat{\xi}}-1}\right]\mathrm{d}w \tag{2-12}$$

代入前述的纯费率计算式，即可求得巨灾保险的纯费率。

二、国家级巨灾准备金规模的测算方法

关于巨灾的界定，在以往的研究中，主要从三个角度来界定巨灾：一是从单个保险公司的角度，即导致保险赔款超过了保险公司一般偿付能力的灾害事件称为巨灾事件；二是从整个保险行业的角度，即造成保险行业的损失达到一定程度且波及大量保单、影响众多保险人的事件称为巨灾事件；三是从一个国家或地区的角度，即导致一个国家或地区经济损失，受灾人数，或者死亡人数达到一定程度的事件称为巨灾事件。

在我国，粮食作物保险是由保险公司承保的，所以，粮食巨灾的界定应当从单个保险公司的角度来进行，即粮食作物单位面积的灾损值超过保险公司单位面积保费收入的 α 倍时，则称为发生了巨灾。一旦粮食作物发生巨灾事件，就启动国家级巨灾准备金进行超额赔付。粮食作物的国家级巨灾风险准备金，是超过保险公司正常保险责任准备金积累之外建立的准备金，旨在巨灾事件发生时用于应对超赔风险。

比较粮食作物单位面积的实际灾损与保险公司单位面积的封顶赔付（设封顶赔付为 α 倍保费收入），当某省（市、区）某年单位面积实际灾损较小时，则国家级巨灾风险准备金为 0；当某省（市、区）某年单位面积实际灾损较大时，则该省（市、区）该年粮食作物发生了巨灾，应启动国家级巨灾风险准备金进行超额赔付。

先计算保险公司单位面积的封顶赔付。i 省（市、区）粮食作物的保险费率为 R_i，保障程度为 λ，趋势单产为 $\hat{X}_{it}$，则保额为 $\lambda\hat{X}_{it}$，保险公司单位面积保费收入＝费率×保额＝$R_i\times\lambda\hat{X}_{it}=\lambda R_i\hat{X}_{it}$，则保险公司单位面积封顶赔付＝$\alpha$ 倍保险公司单位面积保费收入＝$\alpha\lambda R_i\hat{X}_{it}$。

再计算第 t 年需要由国家级巨灾风险准备金承担的巨灾损失。比较 i 省（市、区）第 t 年的单位面积的灾损数据 LOSS_{it} 与保险公司单位面积的封顶赔付 $\alpha\lambda R_i\hat{X}_{it}$，如果单位面积的灾损数据 LOSS_{it} 较小，则认为该省该年需要由国家级巨

灾风险准备金承担的巨灾损失为 0；如果单位面积的灾损数据 $LOSS_{it}$ 较大，则该省该年需要由国家级巨灾风险准备金承担的巨灾损失为 $LOSS_{it}-\alpha\lambda R_i\hat{X}_{it}$。故 i 省（市、区）第 t 年，粮食作物单位面积需要由国家级巨灾风险准备金承担的巨灾损失为 $\max\{0, LOSS_{it}-\alpha\lambda R_i\hat{X}_{it}\}$。如果 i 省（市、区）第 t 年的投保面积为 S_{it}，则 i 省（市、区）第 t 年粮食作物投保面积需要由国家级巨灾风险准备金承担的巨灾损失为 $S_{it}\max\{0, LOSS_{it}-\alpha\lambda R_i\hat{X}_{it}\}$。第 t 年参与粮食作物保险的一共有 N 个省（市、区），则第 t 年需要由国家级巨灾风险准备金承担的巨灾损失合计（D_t）为：

$$D_t=\sum_{i=1}^{N}S_{it}\max\{0, LOSS_{it}-\alpha\lambda R_i\hat{X}_{it}\} \tag{2-13}$$

所以，国家级巨灾风险准备金的年均积累额（M）为：

$$M=E(D_t)\times\overline{P}=E\left(\sum_{i=1}^{31}S_{it}\max\{0, LOSS_{it}-\alpha\lambda R_i\hat{X}_{it}\}\right)\times\overline{P} \tag{2-14}$$

$\overline{P}$ 指当前粮食平均价格。

第二节　粮食作物巨灾准备金制度下政府支出的实际测算

这里以我国稻谷作物为例，测算巨灾风险准备金制度下国家级巨灾风险准备金的年均积累额。为此，先作出如下假设：

假设一：关于保障程度，为了简便，也限于篇幅，稻谷作物保险的保障程度 λ 取 100%；

假设二：关于附加费率，附加费率受到诸多因素的影响，如保险公司财务经营的稳定性，业务的经营管理费用，利润的预计提留，等等，这里取附加费率＝纯费率；

假设三：关于投保面积，取各省（市、区）各年的稻谷作物的播种面积作为投保面积；

假设四：关于保险公司的封顶赔付，取 $\alpha=1.5$ 和 $\alpha=2$ 两种情况。

一、数据搜集与灾损数据推算

（一）数据搜集

查阅《中国农村统计年鉴》，时间范围是 1979—2018 年，可以搜集到我国各省

(市、区)稻谷作物分省(市、区)、分年的实际单产数据,以符号 X_{it} 表示(i 表示某省(市、区),t 表示年份),单产单位统一换算成公斤/公顷。由于没有青海省、香港、澳门和台湾的全面系统的数据资料,所以,这里只包含了 30 个省(市、区)。

搜集到的 30 个省(市、区)1979—2018 年稻谷作物的单产数据,一并列于附表 2-1中。

(二)趋势单产 $\hat{X}_{it}$ 的计算

以各省(市、区)为单位,根据各省(市、区)稻谷作物实际单产的时间序列数据,可以建立趋势模型。以符号 t 代表年份,1979—2018 年各年的 t 分别取 1—40(其中,重庆、四川只有 1997—2018 年的单产数据,故 t 取 1—22;海南、广东只有 1988—2018 年的单产数据,故 t 取 1—31)。拟合的各省(市、区)单产趋势方程、拟合优度 R^2 一并列于表 2-1 的第(1)、(2)列中。

表 2-1　各省(市、区)的单产趋势方程表

省(市、区)	拟合的趋势方程	拟合优度 R^2	MAPE
	(1)	(2)	(3)
北京	$\hat{X}_{1t}=4581.9t^{0.1135}$	0.4538	8.0308
天津	$\hat{X}_{2t}=-4.4265t^2+255.54t+3763.8$	0.5966	9.8325
河北	$\hat{X}_{3t}=245.36\ln t+5429.4$	0.0873	9.3467
山西	$\hat{X}_{4t}=1.7644t^2-99.453t+6562.9$	0.2025	8.8252
内蒙古	$\hat{X}_{5t}=-1.5811t^2+228.19t+1621.3$	0.9077	9.2434
辽宁	$\hat{X}_{6t}=0.2055t^2+45.285t+6018.4$	0.3879	7.9955
吉林	$\hat{X}_{7t}=3777.6t^{0.2098}$	0.6199	9.4487
黑龙江	$\hat{X}_{8t}=-1.8775t^2+178.41t+2688.3$	0.8888	8.9726
上海	$\hat{X}_{9t}=-3.4166t^2+235.95t+4316.3$	0.8633	5.5244
江苏	$\hat{X}_{10t}=1144.3\ln t+4235.9$	0.7824	5.6742
浙江	$\hat{X}_{11t}=0.8147t^2+31.847t+5154.6$	0.7377	4.9474
安徽	$\hat{X}_{12t}=706.44\ln t+3681.3$	0.6589	5.8577
福建	$\hat{X}_{13t}=0.1877t^2+52.335t+4072.6$	0.8412	3.6458
江西	$\hat{X}_{14t}=-0.2354t^2+72.284t+3667$	0.7913	5.6535
山东	$\hat{X}_{15t}=-1.9725t^2+194.33t+3968.7$	0.6811	8.1812
河南	$\hat{X}_{16t}=97.771t+4258.9$	0.6912	9.2875
湖北	$\hat{X}_{17t}=-2.7533t^2+195.44t+4370.8$	0.8667	4.9227

续表

省(市、区)	拟合的趋势方程	拟合优度 R^2	MAPE
	(1)	(2)	(3)
湖南	$\hat{X}_{18t}=602.77\ln t+4170.55$	0.6910	3.4965
广东	$\hat{X}_{19t}=298.44\ln t+4680.6$	0.2713	5.5077
广西	$\hat{X}_{20t}=-1.0661t^2+97.4t+3417.9$	0.7556	5.6781
海南	$\hat{X}_{21t}=637.76\ln t+2538.8$	0.6834	7.1787
重庆	$\hat{X}_{22t}=-2.2688t^2+101.33t+6322$	0.5652	3.3255
四川	$\hat{X}_{23t}=6.7055t^2-118.96t+7785.3$	0.5368	1.9035
贵州	$\hat{X}_{24t}=-3.085t^2+177.2t+3585.3$	0.5812	9.5225
云南	$\hat{X}_{25t}=-2.0366t^2+139.5t+3444.1$	0.8355	4.7957
西藏	$\hat{X}_{26t}=66.772t+3285.4$	0.5258	8.7778
陕西	$\hat{X}_{27t}=0.6977t^2+34.825t+4978.1$	0.5321	9.4326
甘肃	$\hat{X}_{28t}=-6.8931t^2+369.34t+2575.9$	0.7156	9.3277
宁夏	$\hat{X}_{29t}=6674.2t^{0.0604}$	0.2788	7.3254
新疆	$\hat{X}_{30t}=1951t^{0.4032}$	0.7811	9.3412

对表 2-1 第(1)列的单产趋势模型进行预测精度评价。这里采用平均绝对百分误差 MAPE[①] 进行评判，即如果 MAPE＞10，则需要重新建模，重新评价；如果 MAPE＜10，则模型符合精度要求，可以用于计算趋势单产。

表 2-1 第(3)列列出了各省(市、区)单产趋势模型相应的 MAPE 值，都能满足 MAPE＜10，符合精度要求，故可以根据这些趋势模型计算趋势单产。

(三)灾损数据的推算

将各年的对应 t 值代入表 2-1 第(1)列的单产趋势方程中，即可得到各省(市、区)各年的趋势单产值。把各省(市、区)每年实际单产与相应的趋势单产代入式(2-3)，便得到各省(市、区)的灾损数据序列。对于这些灾损数据，如果分省(市、区)单独进行分析，样本容量为 40，重庆、四川只有 22，海南、广东为 31，样本容量太小，对容量过小的灾损数据进行分布判断肯定是不准确的。

① MAPE：即平均绝对百分误差，这是测定拟合精度的一个相对度量指标，具有可比性。

$$\text{MAPE}_i=\left(\sum_{t=1}^{n}\left|\frac{X_{it}-\hat{X}_{it}}{X_{it}}\right|\Big/n\right)\times 100$$

一般认为，若 MAPE 小于 10，则模型拟合精度较高。

实际上,巨灾的影响,稻谷作物单产的变化在各省(市、区)之间是具有可比性的,对于高单产地区,一方面,高单产地区的基础设施建设往往相对完善,抵御自然灾害的能力相对较强,同样程度的自然灾害,单产的下降幅度会比较小;另一方面,由于单产相对较高,在同样灾害的影响下,单产的下降幅度会比较大。综合这两个方面,可以认为各地区间的单产变化具有可比性。灾损数据正是衡量因灾导致单产变化程度的指标,因此,把各省(市、区)的灾损数据作为一个整体进行分析,这是合理的。

将所有这些灾损数据看作一个整体,进行等距分组,组距为 250 公斤/公顷。分组整理后的灾损数据,绘成灾损数据次数分布直方图,如图 2-1 所示。

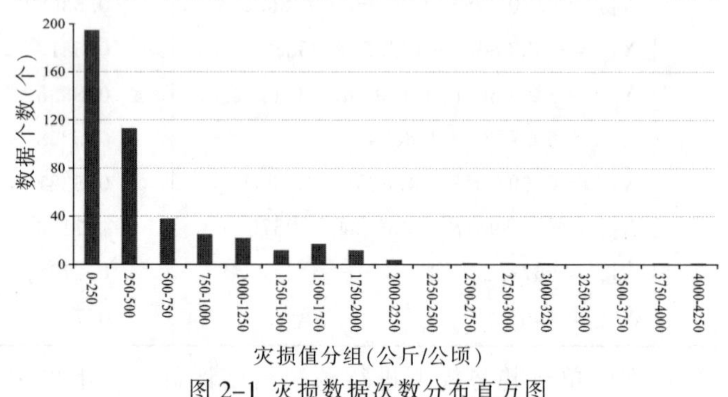

图 2–1 灾损数据次数分布直方图

图 2-1 的灾损数据次数分布直方图表明,绝大部分个体(这里的个体,指某省某年)单位面积(公顷)的灾损值处于 0—2250 公斤的范围,区间 0—250 公斤最多,250—500 公斤次之。同时还注意到,也存在部分个体,单位面积(公顷)的灾损值达到 2250－4250 公斤,灾损值巨大,灾损特别严重,这就是所谓的巨灾。

分析图 2-1 灾损数据的分布形式可以知道,常常使用的正态分布在这里显然已经不适用了。

二、灾损数据的厚尾性诊断

这些灾损数据是否具有厚尾性特征,还需要进行诊断。先对上述灾损数据进行统计描述,结果列于表 2-2 中。

表 2-2 我国稻谷作物灾损数据的统计描述

灾损数据总个数	最小值	最大值	均值	标准差	峰度系数	偏度系数
448 个	0.54	4056.02	499.75	587.32	9.84	2.36

注:①最小值、最大值、均值、标准差的单位都是公斤/公顷;②峰度系数、偏度系数无单位。

表 2-2 表明，灾损数据总共有 448 个，最小值为 0.54 公斤/公顷，即平均每公顷减少了 0.54 公斤，显然这不是巨灾。最大值为 4056.02 公斤/公顷，即平均每公顷减少了 4056.02 公斤，无疑这属于遭受巨灾导致的减产。峰度系数为 9.84，远远大于正态分布的峰度系数 3，不能用常用的正态分布作为灾损数据的分布形式。偏度系数为 2.36>0，呈右偏分布。这就是说，我国稻谷作物的灾损数据序列有极端值存在，即序列存在巨灾数据。

利用式(2-4)，计算与每一个可能门限值 μ 相对应的样本经验超出函数值 $e_n(\mu)$，据此作出灾损数据的样本经验平均超出函数图（即 EMEF 图），如图 2-2 所示。

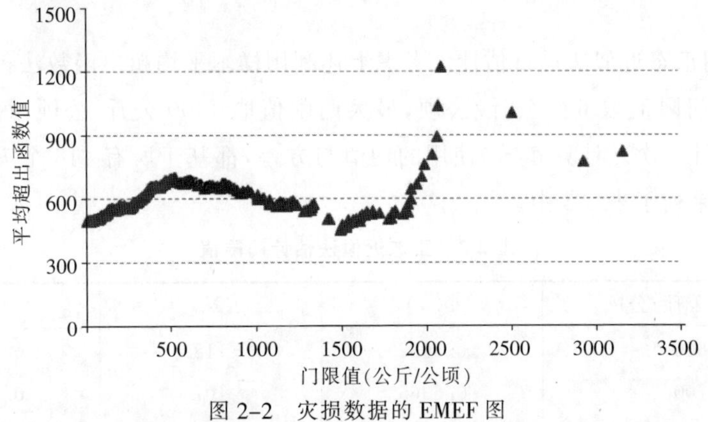

图 2-2　灾损数据的 EMEF 图

从图 2-2 的样本经验平均超出函数图看，图形呈明显的向上趋势，说明分布是厚尾的。

再利用 SPSS 作指数 QQ 图，如图 2-3 所示。

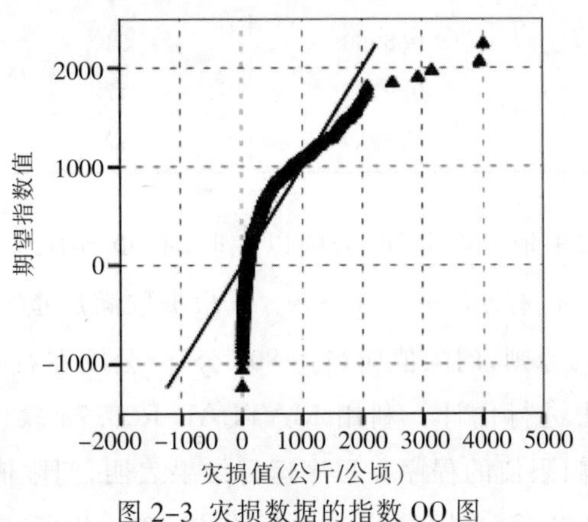

图 2-3　灾损数据的指数 QQ 图

图 2-3 的指数 QQ 图表明，图形呈上凸状，据此判断该分布为厚尾分布。

三种方法都得出了一致的结论：该灾损数据呈厚尾分布，存在巨灾数据。那么，巨灾数据的界定值，即门限值取多大呢？

三、门限值的估计与确定

先利用样本平均超出函数法进行估计。样本平均超出函数法很难精确地估计出门限值，分析图 2-2，当门限值处在 600—1400 公斤/公顷之间时，都能保证其后数据呈一正斜率的线性趋势，故粗略地估计门限值应当在 600—1400 公斤/公顷之间。

再采用正态近似法进行估计。考虑上述利用样本平均超出函数法得到的估计结果，最小门限值取 600 公斤/公顷，最大门限值取 1400 公斤/公顷，每隔 100 公斤/公顷估计一次。计算 $\Phi(w)$ 使用的均值与方差，都基于所有 448 个灾损数据进行计算，结果列于表 2-3 中。

表 2-3　正态近似法估计门限值

门限值(公斤/公顷)	$\Phi(w)$	N_μ	$1-N_\mu/n$
600	0.5682	118	0.7366
700	0.6365	107	0.7612
800	0.8044	89	0.8013
900	0.8365	81	0.8192
1000	0.8577	75	0.8326
1100	0.8798	66	0.8527
1200	0.8960	54	0.8795
1300	0.9155	47	0.8951
1400	0.9299	42	0.9063

分析表 2-3，门限值取 800 公斤/公顷以上时，有 $\Phi(w) > 1 - N_\mu/n$；门限值取 800 公斤 / 公顷以下时，有 $\Phi(w) < 1 - N_\mu/n$。根据取满足 $\Phi(w) < 1 - N_\mu/n$ 的最大的 w 作为门限值的原则，门限值应当在 800 公斤/公顷左右。

最后采用峰度法进行估计。利用 MATLAB R2017a 软件，按照峰度法的原理，可以编写出估计门限值的程序。程序运行结果表明，门限值为 795.22 公斤/公顷，并且大于 795.22 公斤/公顷的灾损数据有 97 个。从所有的 448 个灾损数据中，从大到小依次删去97个巨灾数据，计算剩余灾损数据的峰度系数为2.98，正好非常接近正态分布的峰度系数3，可见，峰度法的估计还是比较恰当的。

综合分析上述样本平均超出函数法、正态近似法、峰度法三种方法的门限值估计结果，三种方法都支持门限值在795.22公斤/公顷左右，巨灾数据约97个。

估计得到的门限值，需要进行检验。这里利用V. Choulakian和M. S. Stephens(2001)提出的假设检验法来最终确定门限值。当门限值取795.22公斤/公顷时，采用极大似然法ML估计相应的GPD模型，模型的参数估计值$\hat{\xi}=-0.0825$，$\hat{\beta}=710.9303$，利用式(2-10)计算$W^2=0.15$，利用式(2-11)计算出$A^2=0.83$。类似地，对于795.22公斤/公顷附近可能的其他门限值，也进行同样的计算。结果一并列于表2-4中。

表2-4　门限值及其参数估计与检验表

门限值(公斤/公顷)	N_μ	$\hat{\xi}$	$\hat{\beta}$	W^2(α值)	A^2(α值)
765.88	101	−0.0760	708.4795	0.14($\in$(0.05,0.1))	0.85($\in$(0.05,0.1))
776.12	100	−0.0980	740.0790	0.15($\in$(0.05,0.1))	0.91($\in$(0.05,0.1))
784.58	99	−0.0862	717.7291	0.13(>0.1)	0.79(>0.1)
792.23	98	−0.0819	703.1626	0.14(>0.1)	0.81(>0.1)
795.22	97	−0.0825	710.9303	0.15(>0.1)	0.83(>0.1)

注：对应于ξ、α的W^2、A^2临界值来源于V. Choulakian和M. S. Stephens(2001)模拟得到的临界值表。当ξ取其他值时，临界值通过线性插值法求出。

检验的原假设H_0：超额灾损数据来自于服从GPD的总体，如果检验的显著性水平取10%，则当$\alpha<10\%$时，拒绝原假设H_0；当$\alpha>10\%$，接受原假设H_0。

在表2-4中，当门限值$\mu=765.88$公斤/公顷，或者$\mu=776.12$公斤/公顷时，都有$\alpha<10\%$，拒绝原假设H_0，即相应的超额灾损数据不是来自于服从GPD的总体。当$\mu\geqslant784.58$公斤/公顷时，都有$\alpha>10\%$，接受原假设H_0，即相应的超额灾损数据来自于服从GPD的总体。为了使来自于GPD总体的样本容量尽可能大，门限值μ应当取784.58公斤/公顷。

经过估计和检验两个步骤，可以确定门限值$\mu=784.58$公斤/公顷，这就是稻谷作物单产巨灾的界定值。灾损数据中，超过784.58公斤/公顷的灾损数据有99个，这99个灾损数据都是巨灾数据。

当门限值 $\mu=784.58$ 公斤/公顷时，采用最大似然法估计巨灾损失的超出损失 z 的 GPD 的分布参数 $\hat{\xi}=-0.0862$，$\hat{\beta}=717.7291$。

四、各省(市、区)巨灾保险的纯费率厘定

根据上述估计得到的超出损失的 GPD 分布参数，计算单产巨灾损失超出额的数学期望 $E(w)=658.32$。由于 $E(X)=E(w)+\mu$，则单产巨灾损失的数学期望 $E(X)=658.32+784.58=1442.90$。

各地风险水平不一，要计算各省(市、区)的单产巨灾损失的期望，还需要对 $E(X)$ 进行调整，调整依据为各省(市、区)的风险水平(表 2-5)及政策取向。

表 2-5　各省(市、区)粮食作物自然灾害影响的分区结果

风险等级	省(市、区)
高风险区	辽宁、吉林
较高风险区	天津、河北、山西、内蒙古、黑龙江、山东、陕西、甘肃、青海、宁夏
低风险区	北京、上海、江苏、浙江、安徽、福建、江西、河南、湖北、湖南、广东、广西、四川、贵州、云南、西藏、新疆

注：①资料来源：邢鹂，钟甫宁：粮食生产与风险区划研究，农业技术经济，2006 年第 1 期，第 22 页。②广东包括海南，四川包括重庆，不含港澳台地区。

以风险系数 k 进行调整，各省(市、区)风险系数值与该地区的风险等级、政府的政策取向等因素有关，这里假设低风险区的风险系数为 1.0，较高风险区为 1.2，高风险区为 1.4，如表 2-6 第(1)列。巨灾发生的频率用 f 表示。各省(市、区)粮食巨灾保险的纯费率为

$$p=\frac{E(X)}{\lambda\hat{X}}=\frac{1442.90kf}{\lambda\hat{X}} \tag{2-15}$$

其中，$\hat{X}$ 根据表 2-1 进行计算，如果要计算 2019 年各省(市、区)的巨灾保险的纯费率，则将 $t=41$ 代入表 2-1(其中，广东、海南 t 取 32，四川、重庆 t 取 23)，得到各省(市、区)的相应 $\hat{X}$ 值，如表 2-6 第(3)列。计算各省(市、区)粮食巨灾保险的纯费率列于表 2-6 第(4)、(5)列中。

表 2-6　各省(市、区)粮食巨灾保险的纯费率

省(市、区)	风险系数 k	巨灾发生频率 f	$\hat{X}$	纯费率(%) $\lambda=90\%$	纯费率(%) $\lambda=100\%$
	(1)	(2)	(3)	(4)	(5)
北京	1.0	0.1121	6983.87	2.5733	2.3160
天津	1.2	0.1092	6799.99	3.0895	2.7805
河北	1.2	0.1296	6340.56	3.9323	3.5391
山西	1.2	0.2211	5451.28	7.8030	7.0227
内蒙古	1.2	0.1121	8319.26	2.5923	2.3331
辽宁	1.4	0.1633	8220.53	4.4587	4.0128
吉林	1.4	0.1633	8233.37	4.4517	4.0065
黑龙江	1.2	0.0529	6847.03	1.4863	1.3377
上海	1.0	0.0529	8246.94	1.0283	0.9255
江苏	1.0	0.0284	8485.34	1.0340	1.0121
浙江	1.0	0.0284	7829.83	1.0821	1.0231
安徽	1.0	0.0556	6304.71	1.4138	1.2724
福建	1.0	0.0284	6533.85	1.2970	1.1032
江西	1.0	0.0556	6234.93	1.4296	1.2867
山东	1.2	0.1121	8620.45	2.5017	2.2516
河南	1.0	0.1401	8267.51	2.7168	2.4451
湖北	1.0	0.0556	7755.54	1.1493	1.0344
湖南	1.0	0.0284	6408.97	1.3211	1.0122
广东	1.0	0.0343	5714.91	1.2120	1.0131
广西	1.0	0.0284	5619.18	1.3412	1.1240
海南	1.0	0.0693	4749.20	2.3394	2.1054
重庆	1.0	0.0533	7452.39	1.1466	1.0319
四川	1.0	0.0533	8596.42	1.5140	1.1450
贵州	1.0	0.0809	5664.61	2.2896	2.0606
云南	1.0	0.0263	5740.07	1.2341	1.0121
西藏	1.0	0.1511	6023.05	4.0221	3.6197
陕西	1.2	0.1498	7578.75	3.8026	3.4224
甘肃	1.2	0.1079	6131.53	3.3855	3.0469
宁夏	1.2	0.1368	8352.40	3.1510	2.8359
新疆	1.0	0.1711	8720.30	3.1456	2.8310

五、巨灾准备金规模与政府支出测算

当某省(市、区)某年单位面积的灾损值超过了该年相应面积所缴保费的150%(或200%)以上时,规定该省(市、区)该年为巨灾年份。基于这一设定,按照式(2-13),可以逐一计算出所有省(市、区)1979—2018年间每省(市、区)每年需要启用国家级巨灾风险准备金承担的损失。如表2-7的第(1)、(2)列所示。

再按照年份进行整理,将同一年各省(市、区)需要由巨灾准备金承担的损失加总,就是该年需要国家级巨灾风险准备金承担的损失。1979—2018年各年在$\alpha=1.5$和$\alpha=2$两种情况下需要巨灾风险准备金承担的损失,一并列于表2-7的第(3)、(4)列中。

表2-7 各年需要巨灾准备金承担的损失

年份	发生巨灾的省(市、区)		巨灾准备金承担的损失(吨)D_t	
	$\alpha=1.5$	$\alpha=2$	$\alpha=1.5$	$\alpha=2$
	(1)	(2)	(3)	(4)
1979	北京、河北、山西、辽宁、福建、江西、山东、河南、宁夏	北京、山西、福建、江西、山东、河南、宁夏	667624.34	511132.41
1980	上海、江苏、浙江、安徽、福建、江西、河南、湖北、湖南、陕西	上海、江苏、浙江、安徽、福建、江西、湖北、湖南、陕西	8355211.42	7974634.32
1981	北京、天津、河北、吉林、黑龙江、上海、江苏、浙江、福建、江西、湖北、湖南、广西、贵州、陕西	北京、天津、黑龙江、上海、江苏、浙江、福建、江西、湖北、湖南、广西、贵州、陕西	6081235.26	5682352.26
1982	黑龙江、江苏、河南	黑龙江、江苏、河南	309125.25	248365.75
1983	天津、内蒙古、上海、浙江、安徽、甘肃	天津、内蒙古、上海、浙江、安徽、甘肃	345622.44	240198.75
1984	甘肃、新疆	甘肃	4725.34	1528.35
1985	辽宁、上海、广西、贵州、甘肃、新疆	辽宁、广西、贵州	666357.58	529785.36
1986	内蒙古、吉林、福建、广西、贵州、云南、西藏、甘肃	内蒙古、吉林、福建、广西、云南、西藏	1030122.44	891536.42
1987	内蒙古、黑龙江、河南、贵州、云南、西藏	内蒙古、黑龙江、河南、贵州、云南、西藏	605688.15	510322.74

续表

年份	发生巨灾的省(市、区)		巨灾准备金承担的损失(吨) D_t	
	$\alpha=1.5$	$\alpha=2$	$\alpha=1.5$	$\alpha=2$
	(1)	(2)	(3)	(4)
1988	内蒙古、吉林、江苏、山东、河南、湖南、广西、贵州、云南、西藏	内蒙古、山东、河南、湖南、广西、贵州、云南、西藏	2352357.88	2129635.52
1989	天津、内蒙古、辽宁、吉林、黑龙江、浙江、贵州、云南、甘肃、新疆	天津、内蒙古、辽宁、吉林、黑龙江、浙江、贵州、云南、甘肃	1880123.54	1642365.14
1990	北京、天津、河北、山西、内蒙古、辽宁、吉林、黑龙江、上海、江苏、浙江、安徽、福建、江西、山东、河南、湖北、湖南、广东、广西、海南、贵州、云南、西藏、陕西、甘肃、宁夏、新疆	北京、天津、河北、山西、内蒙古、辽宁、吉林、黑龙江、上海、江苏、浙江、安徽、福建、江西、山东、河南、湖北、湖南、广东、广西、海南、贵州、云南、西藏、陕西、甘肃、宁夏、新疆	48227412.63	47374745.48
1991	天津、内蒙古、黑龙江、江苏、安徽、河南、湖北、西藏、甘肃	天津、内蒙古、黑龙江、江苏、安徽、河南、湖北、西藏、甘肃	3735125.52	3471984.35
1992	黑龙江、江苏、浙江、贵州、西藏、甘肃、宁夏	江苏、浙江、贵州、西藏、宁夏	802354.62	663205.35
1993	内蒙古、浙江、江西、海南、贵州、西藏、陕西、甘肃、宁夏、新疆	江西、海南、贵州、西藏、甘肃、宁夏、新疆	3502667.21	3331159.62
1994	内蒙古、江苏、广东、广西、陕西	内蒙古、江苏、广东、广西、陕西	1274421.55	1116524.29
1995	辽宁、浙江、陕西、宁夏	辽宁、浙江、陕西、宁夏	807895.46	691365.14
1996	西藏	——	38.35	0
1997	浙江	——	3145.62	0
1998	内蒙古、江西、湖南、甘肃	内蒙古、湖南	206663.45	59685.34
1999	天津、浙江、福建、山东、湖南、陕西、新疆	天津、浙江、山东、湖南、陕西、新疆	723754.15	564368.52
2000	天津、河北、吉林、安徽、福建、山东、云南	天津、河北、吉林、安徽、福建、山东、云南	1672334.65	1433148.39

续表

年份	发生巨灾的省(市、区)		巨灾准备金承担的损失(吨)D_t	
	α=1.5	α=2	α=1.5	α=2
	(1)	(2)	(3)	(4)
2001	北京、天津、河北、山西、辽宁、吉林、福建、山东、河南、湖北、重庆、四川、云南	天津、河北、辽宁、吉林、福建、山东、河南、重庆、四川、云南	3484593.26	3053542.59
2002	河北、吉林、黑龙江、福建、山东、湖南、广西、海南、重庆、贵州、云南、西藏	河北、吉林、黑龙江、福建、山东、湖南、广西、海南、重庆、贵州、云南、西藏	3482584.65	3062563.52
2003	北京、河北、山西、吉林、上海、江苏、安徽、福建、江西、山东、河南、湖北、广西、重庆、陕西、宁夏	北京、河北、山西、吉林、上海、江苏、安徽、江西、山东、河南、广西、重庆、陕西	4822563.87	4331241.66
2004	北京、河北、山西、上海、江苏、江西、山东、广东、广西、重庆、陕西、新疆	北京、河北、山西、江苏、江西、山东、广东、广西、重庆、新疆	2045422.63	1740987.35
2005	北京、河北、山西、上海、江苏、浙江、安徽、福建、江西、湖北、湖南、广东、广西、海南、陕西	北京、山西、上海、江苏、浙江、安徽、福建、湖北、湖南、广东、广西、海南	3226542.14	2699473.15
2006	河北、辽宁、黑龙江、上海、江苏、浙江、安徽、江西、河南、湖北、湖南、广东、广西、海南、陕西、宁夏	河北、辽宁、黑龙江、上海、江苏、浙江、安徽、江西、河南、湖北、湖南、广东、广西、海南、宁夏	6139800.13	5360532.35
2007	北京、天津、山西、黑龙江、上海、江苏、湖北、广东、广西、四川、甘肃、宁夏	北京、天津、山西、黑龙江、上海、江苏、湖北、广东、广西、四川、甘肃、宁夏	1976225.63	1592358.45
2008	天津、山西、黑龙江、江苏、广东、广西、甘肃、新疆	天津、山西、黑龙江、江苏、广东、广西、甘肃、新疆	1992310.45	1749001.45
2009	北京、天津、山西、内蒙古、黑龙江、江苏、广东、甘肃、新疆	北京、天津、内蒙古、黑龙江、江苏、广东、甘肃、新疆	1195201.34	976251.03
2010	北京、天津、山西、辽宁、黑龙江、江苏、江西、湖北、广东、广西、海南、甘肃	北京、辽宁、江苏、江西、湖北、广东、广西、海南	1425102.36	924012.62

续表

年份	发生巨灾的省(市、区)		巨灾准备金承担的损失(吨) D_t	
	α=1.5	α=2	α=1.5	α=2
	(1)	(2)	(3)	(4)
2011	北京、广西、重庆、贵州	北京、广西、重庆、贵州	1395241.45	1290125.78
2012	北京、河北、重庆、云南	北京、河北	25801.46	3198.25
2013	内蒙古、浙江、广东、贵州、云南	浙江、广东、贵州、云南	897548.25	765621.46
2014	内蒙古、浙江、重庆、四川、云南、西藏、宁夏	内蒙古、浙江、云南、西藏、宁夏	374201.63	252125.83
2015	内蒙古、浙江、福建、四川、云南、西藏、宁夏	内蒙古、浙江、福建、云南、西藏	564032.15	460854.34
2016	内蒙古、浙江、广东、贵州、云南	浙江、广东、贵州、云南	897598.22	765498.37
2017	北京、天津、山西、内蒙古、黑龙江、江苏、广东、甘肃、新疆	北京、天津、内蒙古、黑龙江、江苏、广东、甘肃、新疆	119395.74	977307.68
2018	北京、河北、重庆、云南	北京、河北	25801.14	3312.75

对表2-7的第(3)、(4)列“巨灾准备金承担的损失(吨)”数据，分别计算其JB统计量为1453.165、1514.368，对应的 P 值为0.00、0.00，说明都不服从正态分布。

连续变量可供选择的分布形式很多，如正态分布、指数分布、逻辑斯谛分布、均匀分布、卡方分布、伽马分布、帕累托分布、威布尔分布等。要估计巨灾准备金承担的损失的年期望值，就要首先判断1979—2018年该数据序列服从何种分布形式。由于非巨灾年份的数据值为0，对于卡方分布、伽马分布、帕累托分布、威布尔分布等，都不能利用极大似然法对分布的参数进行有效估计，故这里拟从正态分布、指数分布、逻辑斯谛分布、均匀分布四种可能的分布形式中进行选择，并且这四种分布也是常见的分布形式。根据修正的Anderson-Darling(A2)值最小的原则从这四种分布中选出最优分布。对于各分布模型的参数估计采用极大似然法。

这样，我们将巨灾准备金承担的损失序列在正态分布、指数分布、逻辑斯谛分布、均匀分布下对应的修正的Anderson-Darling(A2)值以及由极大似然法得到的参数估计值一并列于表 2-8 中。

表 2-8 巨灾准备金承担的损失序列分布判断与参数估计表

分布		正态分布	指数分布	逻辑斯谛分布	均匀分布
$\alpha=1.5$	修正的 AD 值	8.8825	22.4836	3.7983	94.8420
	参数估计值	$\mu=2933599$ $\sigma=7591703$	$A=38.35000$ $\mu=2933561$	$\mu=1721129$ $S=1877262$	$A=38.35000$ $B=48227413$
$\alpha=2$	修正的 AD 值	9.3002	76.3485	4.1633	144.0675
	参数估计值	$\mu=2726901$ $\sigma=7454886$	$A=0.0000$ $\mu=2726901$	$\mu=1535872$ $S=1783848$	$A=0.0000$ $B=47374745$

表 2-8 表明，当巨灾准备金承担的损失序列按逻辑斯谛分布进行拟合时，其修正的 Anderson-Darling（A2）值最小，$\alpha=1.5$ 时为 3.7983，$\alpha=2$ 时为 4.1633。因此，当 $\alpha=1.5$ 时，巨灾准备金承担的损失序列的年期望值为 1721129 吨；当 $\alpha=2$ 时，巨灾准备金承担的损失序列的年期望值为 1535872 吨。假定全国粮食平均价格为 140 元/50 公斤，则：

$\alpha=1.5$ 时，全国年均巨灾准备金承担的损失额＝1721129 吨×粮食市场价格＝1721129 吨×140 元/50 公斤＝481916 万元。

$\alpha=2$ 时，全国年均巨灾准备金承担的损失额＝1535872 吨×粮食市场价格＝1535872 吨×140 元/50 公斤＝430044 万元。

可以看出，相对于 $\alpha=1.5$，$\alpha=2$ 时的全国年均巨灾准备金承担的损失额要小些。这是因为：在巨灾年份，对于一定的粮食巨灾损失额，$\alpha=2$ 意味着保险公司承担了 200％保费收入的赔付，需要国家级巨灾准备金承担的损失就相对较小，其期望值也就相对较小。

上述研究表明，当 $\alpha=1.5$ 时，从长期来看，如果保险公司能赔付保费收入的 150％，即巨灾界定为灾损超过所交保费 150％以上的为巨灾，当国家级巨灾准备金能够年均积累 481916 万元时，就能应对赔付的需要。$\alpha=2$ 时，即当保险公司赔付保费收入的 200％，为应对赔付，要求国家级巨灾准备金年均积累 430044 万元。

六、实证结论

当保障程度为 100％，即实际单产低于趋势单产保险公司即实施赔付的前提下，如果单位面积的灾损达到了单位面积所缴保费的 150％以上时即启动国家级巨灾准备金进行超额赔付，那么，长期来看，国家级巨灾准备金应当年均积累

481916 万元，才能满足巨灾赔付需要；如果达到 200％以上即启动国家级巨灾准备金进行超额赔付，则要求国家级巨灾准备金年均积累 430044 万元，以满足巨灾赔付。

2018 年，按当年价格计算，我国 GDP 达到 900309 亿元，第一产业增加值 64734 亿元。那么，约需要每年动用 GDP 的 0.54‱，或者第一产业增加值的 7.44‱，就能应对灾损超过保费收入 150％的巨灾；如果每年动用 GDP 的 0.48‱，或者第一产业增加值的 6.64‱，就能应对灾损超过保费收入 200％的巨灾。

第三章　粮食作物区域产量保险政府支出的测算

本章内容

- 区域产量保险政府支出的测算方法
- 粮食作物区域产量保险政府支出的实际测算

第一节　区域产量保险政府支出的测算方法

一、区域产量保险的费率厘定方法

区域产量保险的纯费率厘定方法，既可以采用参数法，也可以采用非参数法。梁来存(2011)[71]根据我国1979—2008年的实际数据，分别以参数法、非参数(核密度)法厘定了我国粮食单产保险的纯费率，并将两种方法得到的结果进行了比较和分析，结果表明，非参数(核密度)法厘定的纯费率更趋实际、更加准确。所以，这里采用非参数法。

非参数法厘定纯费率，以核密度估计法的应用较多。该方法在选择最优带宽的基础上，基于单产的高斯核密度估计函数来估计损失的期望值。

(一)高斯核密度估计函数

设 K 为定义在$(-\infty, +\infty)$上的一个 Borel 可测函数，$h_n > 0$ 为常数，则

$$f_n(x) = \frac{1}{nh_n}\sum_{t=1}^{n} K\left(\frac{x - X_{it}}{h_n}\right) \tag{3-1}$$

称为总体密度 $f(x)$ 的一个核估计。K 称为核函数，可取某一密度函数，如 Parzen 窗函数(Uniform)、三角函数(Triangle)、Epanechikov 函数、四次函数(Quartic)、三权函数(Triweight)、余弦函数(Cosinus)、指数函数(Exponent)、高斯函数(Gauss)等。h_n 称为带宽(bandwidth)，是一个适当选定的与 n 有关的常数。在核估计中，对核函数 K 的选择并不重要，但对带宽 h_n 的选择却是十分重要的。

本书选用最为常用的高斯核，高斯核密度估计函数形式为：

$$f_n(x) = \frac{1}{\sqrt{2\pi} nh_n}\sum_{t=1}^{n} \exp\left[-\frac{1}{2}\left(\frac{x - X_{it}}{h_n}\right)^2\right] \tag{3-2}$$

(二) 带宽的选择

选择合适的带宽是核函数密度估计能够成功的关键所在。从理论上讲，最优带宽的选择是基于估计密度与真实密度之间的误差来考虑的。由于分布密度是连续的，因而考虑估计的积分均方误差(MISE) 为：

$$\text{MISE} = E\left[\int (f_n(x) - f(x))^2 \mathrm{d}x\right] = \int \{[\text{Bias}(f_n(x))]^2 + \text{var}(f_n(x))\}\mathrm{d}x \tag{3-3}$$

假定 $f(x)$ 连续，当 $n \to +\infty$ 时，$h_n \to 0$，$nh_n \to +\infty$，这时，$f_n(x)$ 依概率收敛于 $f(x)$。设 $f''(x)$ 绝对连续，$\int [f'''(x)]^2 \mathrm{d}x < \infty$，$K(x) \geqslant 0$，$\int K(x)\mathrm{d}x = 1$，$\int xK(x)\,\mathrm{d}x = 0$，$\sigma_K^2 \equiv \int x^2 K(x)\mathrm{d}x > 0$，可以证明：

$$\text{Bias}(f_n(x)) = \frac{1}{2}\sigma_K^2 h_n^2 f''(x) + O(h_n^4)$$

$$\text{var}(f_n(x)) = (nh_n)^{-1} f(x)\int K^2(x)\mathrm{d}x + O(n^{-1})$$

从积分均方误差(MISE) 的分解来看，带宽 h_n 越小，$\text{Bias}(f_n(x))$ 越小，但 $\text{var}(f_n(x))$ 越大；反之，带宽 h_n 越大，$\text{var}(f_n(x))$ 越小，但 $\text{Bias}(f_n(x))$ 越大。也就是说，带宽 h_n 增大或减小，$\text{Bias}(f_n(x))$ 和 $\text{var}(f_n(x))$ 都不会同时减小。因此，最佳带宽的选择，就是要在 $\text{Bias}(f_n(x))$ 和 $\text{var}(f_n(x))$ 二者之间进行权衡，使积分均方误差(MISE) 达到最小。

对积分均方误差(MISE) 作关于带宽 h_n 的微分，令其为 0，得到渐近最优带宽为：

$$h_n = \left[\frac{\int K(x)^2 dx}{n \left[\int x^2 K(x) dx \right]^2 \int [f'''(x)]^2 dx} \right]^{1/5} \tag{3-4}$$

在实践中，选择带宽的方法有交叉验证法(cross-validation)、Silverman 的经验法则(rule-of-thumb)和插入法(plug-in)。本书采用 Silverman 的经验法则，它用于 $f(x)$ 非常光滑的情况。具体地说，在理想化的 $f(x)$ 呈正态的假定下，根据 Ker A P 和 Goodwin B K(2000)的工作，上式可化为：

$$h_n = \frac{1.06\hat{\sigma}}{n^{\frac{1}{5}}} = \frac{1.06\min\left\{s, \frac{Q}{1.34}\right\}}{n^{\frac{1}{5}}} \tag{3-5}$$

其中，s 为样本标准差，Q 为四分位数间距，即(第 75 百分位点的)第三四分位数减去(第 25 百分位点的)第一四分位数。

实际工作中的数据往往偏离正态分布，Ker A P 和 Goodwin B K(2000)证明，将 1.06 降到 0.9 效果较好。

(三)粮食单产保险的纯费率厘定

设定农民以粮食单产投保，保障程度为 λ，投保年份的趋势单产为 $\hat{X}$，则该年粮食单产保险合同的保障水平为 $\lambda\hat{X}$。粮食保险属于财产保险，其费率厘定的基本思想与一般的财产保险在本质上是相同的，即以粮食作物产量的平均损失率作为纯费率，在纯费率的基础上加上一定的附加费率，从而得到粮食保险的毛保费率。所以，粮食单产保险的纯费率 R_C 为：

$$R_C = \frac{E(\text{LOSS})}{\lambda\hat{X}} \times 100\% \tag{3-6}$$

为计算期望损失 $E(\text{LOSS})$，选取某地区 n 年的粮食单产数据，即容量为 n 的 IID 样本，各年的实际单产为 X，计算的趋势单产 $\hat{X}$。

对于粮食实际单产 X，当 $X < \lambda\hat{X}$ 时，保险人应承担赔偿责任。损失发生条件下的实际单产期望为 $E(X/(X < \lambda\hat{X}))$，损失为 $\lambda\hat{X} - E(X/(X < \lambda\hat{X}))$。损失的期望 $E(\text{LOSS})$ 则为损失发生的概率与损失之积，即：

$$\begin{aligned} E(\text{LOSS}) &= E(\lambda\hat{X} - E(X/X < \lambda\hat{X})) \\ &= P(X < \lambda\hat{X}) \times [\lambda\hat{X} - E(X/X < \lambda\hat{X})] \end{aligned}$$

$$= \int_0^{\lambda\hat{X}} f_n(X)\mathrm{d}X \times \left[\lambda\hat{X} - \frac{\int_0^{\lambda\hat{X}} Xf_n(X)\mathrm{d}X}{\int_0^{\lambda\hat{X}} f_n(X)\mathrm{d}X}\right]$$

$$= \int_0^{\lambda\hat{X}} (\lambda\hat{X} - X)f_n(X)\mathrm{d}X \tag{3-7}$$

当采用高斯核时，

$$E(\mathrm{LOSS}) = \int_0^{\lambda\hat{X}} (\lambda\hat{X} - X)f_n(X)\mathrm{d}X$$

$$= \frac{1}{\sqrt{2\pi}nh_n}\sum_{t=1}^{n}\int_0^{\lambda\hat{X}}\left\{(\lambda\hat{X} - X)\exp\left[-\frac{1}{2}\left(\frac{X-\hat{X}}{h_n}\right)^2\right]\right\}\mathrm{d}X \tag{3-8}$$

将式(3-8)代入式(3-6)，单产损失期望值 $E(\mathrm{LOSS})$ 与粮食单产保险合同的保障水平 $\lambda\hat{X}$ 的比值，即为单产保险的纯费率 R_C，再考虑保险公司的经营管理费用、财务的稳定性、预留利润等因素，将纯费率 R_C 转换为费率 R。

二、政府保费补贴支出的测算方法

假定保障程度 λ 取 100%，保额为单产趋势值 $\hat{X}$，保险公司的单位面积保费收入 $=$ 费率 $\times$ 保额 $= R\times\hat{X}$。设中央、省、市(县)政府分别承担的保费比例为 $\alpha_i(i=1,2,3)$，则中央、省、市县单位面积承担的保费为 $\alpha_i R\hat{X}(i=1,2,3)$，进而求得中央、省、市县承担的单位面积年均保费为 $E(\alpha_i R\hat{X})(i=1,2,3)$。如果承保面积为 S，粮食作物价格为 P，则中央、省、市(县)政府年均需要积累的保费补贴支出 B_i 为：

$$B_i = P\cdot S\cdot E(\alpha_i R\hat{X})(i=1,2,3) \tag{3-9}$$

第二节 粮食作物区域产量保险政府支出的实际测算

一、数据来源

湖南是一个农业大省，是重要的粮食主产区之一。稻谷是湖南最重要的粮食作物，湖南的稻谷产量历年居各省份稻谷产量的第一位。本书以湖南省长沙县早稻作物为例进行实证研究。

1987—2018 年长沙县早稻单产的数据来源于相应年份的《长沙统计年鉴》，单位是公斤/公顷，数据已列于表 3-1 中。

表 3-1　长沙县早稻趋势单产模型精度判定表

年份	t	X_t	$\hat{X}_t$	$\frac{X_t-\hat{X}_t}{X_t}$	$\left\|\frac{X_t-\hat{X}_t}{X_t}\right\|$
1987	1	6031.05	5881.75	0.02475	0.02475
1988	2	6066.45	5900.87	0.02729	0.02729
1989	3	6012.15	5919.37	0.01543	0.01543
1990	4	6099.90	5937.25	0.02666	0.02666
1991	5	6120.00	5954.50	0.02704	0.02704
1992	6	5689.95	5971.13	−0.04941	0.04941
1993	7	4900.20	5987.13	−0.22181	0.22181
1994	8	5888.00	6002.51	−0.01944	0.01944
1995	9	5658.00	6017.26	−0.06349	0.06349
1996	10	6829.00	6031.39	0.11679	0.11679
1997	11	6677.00	6044.89	0.09466	0.09466
1998	12	4666.00	6057.76	−0.29827	0.29827
1999	13	6680.00	6070.01	0.09131	0.09131
2000	14	6601.00	6081.64	0.07867	0.07867
2001	15	6525.00	6092.64	0.06626	0.06626
2002	16	5585.00	6103.02	−0.09275	0.09275
2003	17	6165.00	6112.77	0.00847	0.00847
2004	18	6105.00	6121.90	−0.00276	0.00276
2005	19	6225.00	6130.40	0.01519	0.01519
2006	20	6255.00	6138.28	0.01866	0.01866
2007	21	6150.00	6145.53	0.00072	0.00072
2008	22	6093.30	6152.15	−0.00965	0.00965
2009	23	6088.65	6158.15	−0.01141	0.01141
2010	24	5878.05	6163.53	−0.04856	0.04856
2011	25	6150.00	6168.28	−0.00297	0.00297
2012	26	6180.00	6172.41	0.00122	0.00122
2013	27	6300.00	6175.91	0.01969	0.01969
2014	28	6315.00	6178.79	0.02156	0.02156
2015	29	6390.00	6181.04	0.03270	0.03270
2016	30	6150.00	6182.67	−0.00531	0.00531
2017	31	6030.00	6183.67	−0.02548	0.02548
2018	32	6100.00	6184.04	−0.01377	0.01377
和	—	—	—	—	1.55232

二、区域产量保险的定价

(一)计算趋势单产

t 代表时间，1987—2018 年间，t 值分别取 1，2，3，4，…，32，各年早稻作物的实际单产水平用符号 X_t 表示，现拟建立早稻作物的单产关于时间的趋势模型。

分别以指数曲线、直线、对数曲线、多项式曲线(取二次抛物线)、幂曲线进行拟合，并计算各模型的决定系数 R^2。根据决定系数 R^2 最大的原则，在这几种模型中选择了多项式曲线(取二次抛物线)，该模型采用最小二乘法估计的结果为：

$$\hat{X}_t = -0.3125t^2 + 20.064t + 5862 \qquad (3-10)$$

$$R^2 = 0.4561$$

现对该模型的拟合精度进行判定。计算平均绝对百分误差 MAPE 指标，如表 3-1 所示。

$$\text{MAPE} = \left(\sum \left| \frac{X_t - \hat{X}_t}{X_t} \right| / n\right) \times 100 = \frac{1.55232}{32} \times 100 = 4.8510$$

可见，单产趋势模型的预测精度指标——平均绝对百分误差 MAPE 值为 4.8510，小于 10，符合模型对于精度的要求，说明建立的趋势模型(3-10)是合理的。

(二)带宽的计算

1987—2018 年，长沙县早稻作物的播种面积在各年间变化很小，相对稳定，故可以采用简单算术平均法计算长沙县 1987—2018 年间早稻作物单产的均值，$\overline{X} = \sum X_t / n = 194603.7000/32 = 6081.36$ (公斤/公顷)。单产的标准差和四分位数间距计算如表 3-2 所示。

表 3-2　单产标准差和四分位数间距计算表

年份	t	X_t	$(X_t - \overline{X})^2$	升序后的 X_t	四分位数位置
		(1)	(2)	(3)	(4)
1987	1	6031.05	2531.0961	4666.00	
1988	2	6066.45	222.3081	4900.20	
1989	3	6012.15	4790.0241	5585.00	
1990	4	6099.90	343.7316	5658.00	
1991	5	6120.00	1493.0496	5689.95	

续表

年份	t	X_t	$(X_t-\overline{X})^2$	升序后的 X_t	四分位数位置
		(1)	(2)	(3)	(4)
1992	6	5689.95	153201.7881	5878.05	
1993	7	4900.20	1395138.9460	5888.00	
1994	8	5888.00	37388.0896	6012.15	第一四分位数
1995	9	5658.00	179233.6896	6030.00	
1996	10	6829.00	558965.5696	6031.05	
1997	11	6677.00	354787.0096	6066.45	
1998	12	4666.00	2003243.9300	6088.65	
1999	13	6680.00	358369.8496	6093.30	
2000	14	6601.00	270025.7296	6099.90	
2001	15	6525.00	196816.4496	6100.00	
2002	16	5585.00	246373.2496	6105.00	第二四分位数
2003	17	6165.00	6995.6496	6120.00	
2004	18	6105.00	558.8496	6150.00	
2005	19	6225.00	20632.4496	6150.00	
2006	20	6255.00	30150.8496	6150.00	
2007	21	6150.00	4711.4496	6165.00	
2008	22	6093.30	142.5636	6180.00	
2009	23	6088.65	53.1441	6225.00	
2010	24	5878.05	41334.9561	6255.00	第三四分位数
2011	25	6150.00	4711.4496	6300.00	
2012	26	6180.00	9729.8496	6315.00	
2013	27	6300.00	47803.4496	6390.00	
2014	28	6315.00	54587.6496	6525.00	
2015	29	6390.00	95258.6496	6601.00	
2016	30	6150.00	4711.4496	6677.00	
2017	31	6030.00	2637.8496	6680.00	
2018	32	6100.00	347.4496	6829.00	
和	—	194603.7000	6087292.2180	—	—

表 3-2 中,第(1)列为实际单产序列。将实际单产序列按照从小到大的顺序排列,即升序排列,就得到第(3)列。第(4)列为四分位数的位置,第一四分位数的位置为 $n/4=8$,即第 8 个数;第二四分位数的位置为 $2n/4=16$,即第 16 个数;第三四分位数的位置为 $3n/4=24$,即第 24 个数。

由表 3-2 可知,$\sum(X_t-\bar{X})^2=6087292.2180$,则单产的标准差为:

$$S=\sqrt{\frac{\sum(X_t-\bar{X})^2}{n}}=\sqrt{\frac{6087292.2180}{32}}=436.1512\ (\text{公斤 / 公顷})$$

四分位数间距 $Q=Q_3-Q_1=6255.00-6012.15=242.85$ (公斤 / 公顷)

根据单产的标准差 S 和四分位数间距 Q,可以计算带宽 h_n 为:

$$h_n=\frac{0.9\hat{\sigma}}{n^{\frac{1}{5}}}=\frac{0.9\min\left\{S,\frac{Q}{1.34}\right\}}{n^{\frac{1}{5}}}=\frac{0.9\min\left\{436.1512,\frac{242.85}{1.34}\right\}}{32^{\frac{1}{5}}}$$
$$=81.5541\ (\text{公斤 / 公顷})$$

(三)费率的厘定

先计算单产的期望损失值 $E(\text{LOSS})$。采用 MATLAB-R2009a 软件,采用其编程功能,编制计算单产期望损失值 $E(\text{LOSS})$ 的程序如下:

```
functiony=eloss(x)   %eloss 为自定义函数名
%aim to evaluate the expect loss using kenerl method
%此函数为非参数核密度法计算预期损失;t 随样本变化而变化
h=input('please input the bandwidth:')   %输入窗宽值
temp=1./(sqrt(2.*pi).*32.*h);   %32 为样本个数
eloss=0;   %为 eloss 赋予初值
t=[6031.05   6066.45   6012.15   6099.90   6120.00   5689.95   4900.20
5888.00   5658.00   6829.00   6677.00   4666.00   6680.00   6601.00   6525.00
5585.00   6165.00   6105.00   6225.00   6255.00   6150.00   6093.30   6088.65
5878.05   6150.00   6180.00   6300.00   6315.00   6390.00   6150.00   6030.00
6100.00];   %为原始单产数据,t 为存放原始数据的变量
eu=[5881.75   5900.87   5919.37   5937.25   5954.50   5971.13   5987.13
6002.51   6017.26   6031.39   6044.89   6057.76   6070.01   6081.64   6092.64
```

```
6103.02  6112.77  6121.90  6130.40  6138.28  6145.53  6152.15  6158.15
6163.53  6168.28  6172.41  6175.91  6178.79  6181.04  6182.67  6183.67
6184.04]；  %为保障单产水平,eu为存放保障水平的变量
    m=length(t);
    for j=1:m
    f=@(x)((eu(j)-x).*exp(-0.5.*((x-t(j))./h).^2)); %此式为计算预期损失,@(x)用于说明x为变量,解决了积分公式中不能有多个字母的问题
    a(j)=quad(f,0,eu(j));
    eloss=eloss+a(j).*temp;
    end
    eloss
```

运行以上程序,可以估算出长沙县早稻单产的期望损失 $E(\mathrm{LOSS})=133.7452$（公斤/公顷）。再利用趋势模型得到 2019 年长沙县早稻的趋势单产为 6183.7995 公斤/公顷。故非参数核密度法厘定的 2019 年长沙县早稻作物单产保险的纯费率$=133.7452/6183.7995\times100\%=2.1628\%$。

在计算纯费率的基础上,再统筹考虑保险人的财务安全性、业务的经营管理费用、利润等影响附加费率的因素,假定由纯费率转换为费率的系数为 2,则有:费率=纯费率$\times2=2.1628\%\times2=4.3256\%$。

三、政府保费补贴支出的测算

先根据单产趋势模型(3-10)得到长沙县早稻作物单产的预测值 $\hat{X}_t$,则单位面积的保费收入$=R\hat{X}_t=4.3256\%\times\hat{X}_t$。假定中央、省、市(县)政府分别承担的保费比例为 40%、25%、10%,则中央、省、市(县)政府分别承担的保费补贴为 $0.01731\hat{X}_t$、$0.01082\hat{X}_t$、$0.0043256\hat{X}_t$。1987—2018 年中央、省、市(县)政府分别承担的保费补贴如表 3-3 所示。

表 3-3 中,已经得到了中央、省、市(县)政府 1987—2018 年各年单位面积分别承担的保费补贴(公斤/公顷)。要估计保费补贴的期望值,就要首先判断 1987—2018 年间的保费补贴数据服从何种分布。这里拟从正态分布、指数分布、逻辑斯谛分布、均匀分布、卡方分布、伽马分布、帕累托分布、威布尔分布八种可能的分布形式中,根据修正的 Anderson-Darling(A2)值最小的原则选择分布形式,并对各分

布模型的参数估计采用极大似然法。

表 3-3　长沙县早稻作物 1987—2018 年各级政府单位面积承担的保费补贴表

年份	趋势单产 $\hat{X}_t$/（公斤/公顷）	单位面积保费收入 4.3256%×$\hat{X}_t$/（公斤/公顷）	保费补贴/（公斤/公顷）		
			中央	省	市（县）
1987	5881.75	254.4209	101.7683	63.6052	25.4420
1988	5900.87	255.2480	102.0992	63.8120	25.5248
1989	5919.37	256.0482	102.4193	64.0120	25.6048
1990	5937.25	256.8216	102.7286	64.2054	25.6821
1991	5954.50	257.5678	103.0271	64.3919	25.7567
1992	5971.13	258.2871	103.3148	64.5717	25.8287
1993	5987.13	258.9792	103.5917	64.7448	25.8979
1994	6002.51	259.6445	103.8578	64.9111	25.9644
1995	6017.26	260.2825	104.1130	65.0706	26.0282
1996	6031.39	260.8938	104.3575	65.2234	26.0893
1997	6044.89	261.4777	104.5911	65.3694	26.1477
1998	6057.76	262.0344	104.8137	65.5086	26.2034
1999	6070.01	262.5643	105.0257	65.6410	26.2564
2000	6081.64	263.0674	105.2269	65.7668	26.3067
2001	6092.64	263.5432	105.4172	65.8858	26.3543
2002	6103.02	263.9922	105.5968	65.9980	26.3992
2003	6112.77	264.4139	105.7655	66.1034	26.4413
2004	6121.90	264.8089	105.9235	66.2022	26.4808
2005	6130.40	265.1765	106.0706	66.2941	26.5176
2006	6138.28	265.5174	106.2069	66.3793	26.5517
2007	6145.53	265.8310	106.3324	66.4577	26.5831
2008	6152.15	266.1174	106.4469	66.5293	26.6117
2009	6158.15	266.3769	106.5507	66.5942	26.6376
2010	6163.53	266.6096	106.6438	66.6524	26.6609
2011	6168.28	266.8151	106.7260	66.7037	26.6815
2012	6172.41	266.9937	106.7975	66.7484	26.6993
2013	6175.91	267.1451	106.8580	66.7862	26.7145
2014	6178.79	267.2697	106.9078	66.8174	26.7269
2015	6181.04	267.3670	106.9468	66.8417	26.7367
2016	6182.67	267.4375	106.9750	66.8593	26.7437
2017	6183.67	267.4808	106.9923	66.8702	26.7480
2018	6184.04	267.4968	106.9987	66.8742	26.7496

现就表3-3中中央、省、市(县)政府单位面积保费补贴这三个指标分别计算它们在正态分布、指数分布、逻辑斯谛分布、均匀分布、卡方分布、伽马分布、帕累托分布、威布尔分布八种可能的分布形式下修正的 Anderson-Darling 值，列于表3-4中。

表3-4　中央、省、市(县)政府单位面积保费补贴的期望值计算表

保费补贴	修正的 Anderson-Darling 值					
	正态分布	指数分布	逻辑斯谛分布	均匀分布	卡方分布	伽马分布
中央	1.1230	25.7892	1.0387	32.2483	9.4455	12.8664
省	1.1230	25.7892	1.0387	32.2458	10.0223	13.4098
市县	1.1230	25.7892	1.0387	32.2532	10.8732	1.8457

保费补贴	修正的 Anderson-Darling 值		最优分布	最优分布的参数估计	数学期望/(公斤/公顷)
	帕累托分布	威布尔分布			
中央	25.8644	0.9339	威布尔分布	$M=0.0000$, $S=105.9586(0.0000)$, $A=87.0949(0.0000)$	105.9586
省	25.8644	0.9339	威布尔分布	$M=0.0000$, $S=66.2241(0.0000)$, $A=87.0951(0.0000)$	66.2241
市县	25.8648	0.9340	威布尔分布	$M=0.0000$, $S=26.4896(0.0000)$, $A=87.0952(0.0000)$	26.4896

注:括号中的数据为参数估计值相应的 P 值。

分析表3-4,对于中央、省、市(县)政府单位面积保费补贴这三个指标,比较修正的 Anderson-Darling 值的大小,修正的 Anderson-Darling 值均在威布尔分布下最小,根据修正的 Anderson-Darling(A2)值最小的原则,威布尔分布是三个指标的最优分布。

威布尔分布的概率密度函数为:

$$f(x/M,S,A)=\frac{A}{S}\left(\frac{x-M}{S}\right)^{A-1}\exp\left(-\left(\frac{x-M}{S}\right)^{A}\right) \tag{3-11}$$

其中,A 为形状参数,它影响着威布尔分布曲线的形状,$A>0$;M 为位置参数,不同的位置参数值并不会影响威布尔分布的曲线形状,只会影响曲线在横轴上的位置，$0 \leqslant M \leqslant x$；$S$为特征参数，特征参数不会影响威布尔分布的曲线形状和位置，只是改变曲线纵横坐标的标尺，$S>0$。

利用极大似然估计法，可以得到三个指标的威布尔分布的参数估计值，即表3-4中的是最优分布的参数估计值。再根据数学期望与参数的关系，可以得到中央、省、市（县）政府单位面积保费补贴的期望值，即中央、省、市（县）政府单位面积年均需要承担的保险补贴分别为105.9586公斤/公顷、66.2241公斤/公顷、26.4896公斤/公顷。

四、实证结论

本章以长沙县早稻单产为保险标的，基于1987—2018年的数据资料，厘定了长沙县早稻单产保险的保险费率以及相应的政府保费补贴支出。实证研究表明，长沙县早稻单产保险的纯费率为2.1628%，保险费率为4.3256%。如果按照中央、省、市（县）政府分别承担的保费比例为40%、25%、10%来计算，中央、省、市（县）政府单位面积年均需要承担的保险补贴分别为105.9586公斤/公顷、66.2241公斤/公顷、26.4896公斤/公顷，即7.0639公斤/亩、4.4149公斤/亩、1.7660公斤/亩。假定价格为140元/50公斤，则中央、省、市（县）政府单位面积年均分别需要承担的保险补贴费用为：19.78元/亩、12.36元/亩、4.95元/亩。如果长沙县早稻作物的投保面积为50万亩，则中央、省、市（县）年均财政保费补贴支出分别为989万元、618万元、247.5万元。

按2018年价格计算，长沙县实现地区生产总值1509.3亿元，全年实现财政总收入356.4亿元。对于长沙县早稻作物的区域产量保险，市（县）政府保费补贴支出为247.5万元，约占地区生产总值的0.00164%，占全年财政总收入的0.00694%。

第四章　粮食作物天气指数保险政府支出的测算

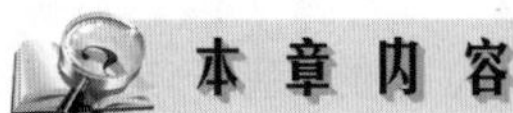

- 干旱保险政府支出的测算
- 低温保险政府支出的测算
- 短日照保险政府支出的测算

第一节　干旱保险政府支出的测算

干旱通常有两种含义:一是干旱气候,是指最大可能蒸发量比降水量大得多的一种气候现象。干旱气候不一定会造成灾害,主要用于大范围的气候区划;二是干旱灾害,是指某一具体时段内的降水量比正常降水量显著减少而对农业生产产生灾害。

干旱灾害对粮食作物的影响和危害程度与发生季节、时间长短以及粮食作物所处的生育期有关。春季是早稻作物播种、插秧的繁忙季节,需水量明显增多,春旱往往造成早稻作物耕田缺水,不能适时播种、春插,降低种子的发芽质量,减少秧苗的有效分蘖。夏旱则影响早稻作物的正常灌浆、授粉发育、结实成熟和晚稻作物的育秧种植。秋旱会影响拔节壮苗、抽穗扬花和产量形成。冬旱影响冬种作物的播种、出苗及生长发育。无论哪一季节的干旱,轻者影响粮食作物正常生长发育,重者导致粮食作物减产甚至绝收。

和区域产量保险相比,天气指数保险能够承保指定风险。为规避干旱风险,实施干旱天气指数保险是十分必要的。那么，在干旱天气指数保险下，如何测算政府的保费补贴支出呢？

一、研究方法

（一）干旱保险触发值

降水量以月为统计口径，JS_j 表示历年第 j 月的实际降水量时间序列，该序列的每个指标值都表示当年第 j 月份的降水量之和。基于该实际降水量时间序列 JS_j，可以构建 ARIMA 模型，据此得到历年第 j 月的降水量预测值时间序列 $J\hat{S}_j$ 以及预测的标准误差序列 S_j。

由于统计量 $\frac{JS_j - J\hat{S}_j}{S_j}$ 服从 t 分布，所以，在大样本情况下，即 $n \geqslant 30$ 时，近似的有 $\frac{JS_j - J\hat{S}_j}{S_j} \sim N(0,1)$。据此可得：

$$P(J\hat{S}_j - z_{\frac{\alpha}{2}} S_j \leqslant JS_j \leqslant J\hat{S}_j + z_{\frac{\alpha}{2}} S_j) \approx 1 - \alpha \tag{4-1}$$

式(4-1)表明，第 j 月的实际降水量处于区间 $[J\hat{S}_j - z_{\frac{\alpha}{2}} S_j, J\hat{S}_j + z_{\frac{\alpha}{2}} S_j]$ 范围内的概率为 $1-\alpha$。

由式(4-1)可得，$P(JS_j \leqslant J\hat{S}_j - z_{\frac{\alpha}{2}} S_j) \approx \frac{\alpha}{2}$，即第 j 月份的实际降水量 JS_j 小于临界值 $(J\hat{S}_j - z_{\frac{\alpha}{2}} S_j)$ 的概率为 $\frac{\alpha}{2}$，且 $\frac{\alpha}{2} < 50\%$。这时，临界值 $(J\hat{S}_j - z_{\frac{\alpha}{2}} S_j)$ 即为干旱保险触发值，$\frac{\alpha}{2}$ 为干旱发生的概率，也就是因干旱而赔付的概率。可见，赔付的概率随触发值的增大而增大，这与实际也是相符的。

由式(4-1)还可得，$P(JS_j \leqslant J\hat{S}_j + z_{\frac{\alpha}{2}} S_j) \approx 1 - \frac{\alpha}{2}$，即第 j 月份的实际降水量 JS_j 小于临界值 $(J\hat{S}_j + z_{\frac{\alpha}{2}} S_j)$ 的概率为 $1 - \frac{\alpha}{2}$，且 $1 - \frac{\alpha}{2} > 50\%$。这时，临界值 $(J\hat{S}_j + z_{\frac{\alpha}{2}} S_j)$ 即为干旱保险触发值，$1 - \frac{\alpha}{2}$ 为干旱发生的概率，也就是因干旱而赔付的概率。赔付的概率随触发值的增大而增大，与实际相符。

（二）干旱测度指标

设计干旱测度指标，旨在反映干旱的严重程度。

1. 当干旱保险赔付概率为$\frac{\alpha}{2}$(赔付概率$<50\%$)时

对于任一年份,将第j月实际降水量JS_j与干旱保险触发值$(J\hat{S}_j - z_{\frac{\alpha}{2}} S_j)$进行比较,如果实际降水量$JS_j$大些,则意味着该年降水量充足,没有发生干旱灾害;如果实际降水量JS_j小些,则意味着干旱发生了,干旱测度值为干旱保险触发值与实际降水量二者之差。

于是,可以将第j月份的干旱测度指标GH_j^A定义为:

$$GH_j^A = \max\{(J\hat{S}_j - z_{\frac{\alpha}{2}} S_j) - JS_j, 0\} \tag{4-2}$$

由式(4-2)定义的干旱测度指标GH_j^A,总有$GH_j^A \geqslant 0$。当没有发生干旱时,实际降水量JS_j超过干旱保险触发值$(J\hat{S}_j - z_{\frac{\alpha}{2}} S_j)$,$(J\hat{S}_j - z_{\frac{\alpha}{2}} S_j) - JS_j < 0$,$GH_j^A = 0$;当干旱程度较轻时,实际降水量$JS_j$小于但较接近干旱保险触发值$(J\hat{S}_j - z_{\frac{\alpha}{2}} S_j)$,$(J\hat{S}_j - z_{\frac{\alpha}{2}} S_j) - JS_j > 0$但值较小,$GH_j^A$会较小;当干旱很严重时,实际降水量$JS_j$很小,$(J\hat{S}_j - z_{\frac{\alpha}{2}} S_j) - JS_j > 0$且值很大,$GH_j^A$也会很大。

可见,由式(4-2)定义的干旱测度指标的特点是:干旱测度指标值的大小与干旱的严重程度成正比,即干旱测度指标值为0,表示没有发生干旱;干旱测度指标值越小,干旱越轻微;干旱测度指标值越大,反映干旱越严重。这与实际是相吻合的,也是符合逻辑的。

2. 当干旱保险赔付概率为$1-\frac{\alpha}{2}$(赔付概率$>50\%$)时

对于任一年份,将第j月实际降水量JS_j与干旱保险触发值$(J\hat{S}_j + z_{\frac{\alpha}{2}} S_j)$进行比较,如果实际降水量$JS_j$大些,则意味着该年降水量充足,没有发生干旱灾害;如果实际降水量JS_j小些,则意味着干旱发生了,干旱测度值为干旱保险触发值与实际降水量二者之差。

于是,可以将第j月份的干旱测度指标GH_j^B定义为:

$$GH_j^B = \max\{(J\hat{S}_j + z_{\frac{\alpha}{2}} S_j) - JS_j, 0\} \tag{4-3}$$

由式(4-3)定义的干旱测度指标GH_j^B,总有$GH_j^B \geqslant 0$。当没有发生干旱时,实际降水量JS_j超过干旱保险触发值$(J\hat{S}_j + z_{\frac{\alpha}{2}} S_j)$,$(J\hat{S}_j + z_{\frac{\alpha}{2}} S_j) - JS_j < 0$,$GH_j^B = 0$;当干旱程度较轻时,实际降水量$JS_j$小于但较接近干旱保险触发值$(J\hat{S}_j + z_{\frac{\alpha}{2}} S_j)$,$(J\hat{S}_j + z_{\frac{\alpha}{2}} S_j) - JS_j > 0$但值较小,$GH_j^B$会较小;当干旱很严重时,实际降水量$JS_j$很小,$(J\hat{S}_j + z_{\frac{\alpha}{2}} S_j) - JS_j > 0$且值很大,$GH_j^B$也会很大。

可见，由式(4-3)定义的干旱测度指标，它的大小与干旱的严重程度成正比，即干旱测度指标值为0，表示没有发生干旱；干旱测度指标值越小，干旱越轻微；干旱测度指标值越大，反映干旱越严重。

(三)气候减产率

X 表示粮食作物的年度实际单产。影响粮食作物生长的因素是复杂繁多的，因而每年单产都会发生变化。所有的影响因素，其实可以归结为两类，因而可以将单产 X 分解为两个部分：一部分是趋势单产 $\hat{X}$，它可以通过建立时间序列模型直接求得。趋势单产是由农民的知识水平、育种技术、耕作制度、农业机械等影响粮食作物单产的根本性因素决定的，反映了农业生产的技术水平，也体现了农业生产力的水平。由于农业生产力水平是不断提高的，所以，趋势单产一般呈逐年增长的趋势。另一部分是气候单产 X_Q，这是由意外的、偶然发生的自然灾害决定的。由于自然灾害的偶发性，导致气候单产逐年无规则地变化。

比较实际单产与趋势单产：如果实际单产大于趋势单产，则认为气候因素没有导致单产的降低，粮食作物没有遭受自然灾害的显著影响，则气候单产 $X_Q=0$；如果实际单产小于趋势单产，即实际单产水平比理应达到的正常单产水平更低，则认为粮食作物遭受了自然灾害的显著影响，自然灾害导致单产下降了，此时，气候单产 $X_Q=\hat{X}-X$。所以，气候减产率 Y 可定义为：

$$Y = \max\{0, (\hat{X} - X)\}/\hat{X} \times 100\% \tag{4-4}$$

式(4-4)定义的气候减产率剔除了每年趋势单产不同的影响，所以，气候减产率 Y 在各年之间具有可比性。

式(4-4)计算的气候减产率 Y 反映了粮食作物遭受灾害影响的程度。气候减产率越大，受灾害的影响就越大；气候减产率越小，受灾害的影响就越小；气候减产率为0时，表明当年没有受灾害的影响。

(四)干旱保险的费率厘定

利用计量经济分析方法，基于多年的样本数据，可以构建气候减产率关于干旱测度指标的计量模型。现将该计量模型表述为：

$$\hat{Y} = f(GH_j^A)\text{，干旱赔付概率为}\frac{\alpha}{2}\text{时} \tag{4-5}$$

$$\hat{Y} = f(GH_j^B)\text{，干旱赔付概率为}\left(1-\frac{\alpha}{2}\right)\text{时} \tag{4-6}$$

它体现了干旱对粮食作物单产降低的影响程度。

按照财产保险的定价思路，粮食作物干旱保险的纯费率，就是因干旱而导致的损失率的期望值，即因干旱导致的气候减产率的期望值。这就要求在确定干旱测度指标对气候减产率影响程度的基础上，求得气候减产率的期望值，即：

干旱天气指数保险纯费率：

$$R_{GHj} = E[f(GH_j^A)]，干旱赔付概率为\frac{\alpha}{2}时 \quad (4-7)$$

$$R_{GHj} = E[f(GH_j^B)]，干旱赔付概率为\left(1-\frac{\alpha}{2}\right)时 \quad (4-8)$$

干旱天气指数保险的费率由纯费率和附加费率组成。在计算干旱保险纯费率R_{GHj}的基础上，再分析附加费率的影响因素，如保险人的业务经营费用、业务管理费用、财务经营的稳定性、利润等，从而由保险纯费率计算得到保险费率R_j。

(五) 政府保费补贴支出的测算

先求第j月份的单位面积保费收入。粮食作物的生长期延续几个月，以f_j表示第j月份干旱程度影响粮食单产降低的相对权重，$0 < f_j < 1$，且整个生长期$\sum f_j = 1$。假定整个生长期粮食作物干旱保险的保额为单产趋势值$\hat{X}_t$，则第j月份干旱保险的保额为$f_j\hat{X}$。保险公司第j月份的单位面积保费收入 = 费率 × 保额 = $R_j f_j \hat{X}$。

再求各级政府第j月份的年均保费补贴。如果中央、省(市、区)、市(县)政府的补贴占保费收入的比例分别为$\alpha_i(i = 1,2,3)$，则中央、省(市、区)、市(县)政府第j月份单位面积的保费补贴为$\alpha_i R_j f_j \hat{X}$，$(i = 1,2,3)$。根据历年资料，进而求得中央、省(市、区)、市(县)政府第j月份单位面积保费补贴的年均水平为$\alpha_i R_j f_j E(\hat{X})$，$(i = 1,2,3)$。

最后计算各级政府的年均总保费补贴。在粮食作物的整个生长期，中央、省(市、区)、市(县)政府单位面积的年均保费补贴(d_i)为生长期内各个月的年均保费补贴之和，即

$$d_i = \alpha_i \sum_j [R_j f_j E(\hat{X})], (i = 1,2,3) \quad (4-9)$$

如果承保面积为S，粮食作物的价格为P，则中央、省(市、区)、市(县)政府对整个地区年均需要积累的保费补贴金额(D_i)为：

$$D_i = S \cdot P \cdot \alpha_i \sum_j [R_j f_j E(\hat{X})], (i = 1,2,3) \quad (4-10)$$

二、实证研究

(一)样本选择与数据来源

1. 样本选择

我国粮食主产区有十三个:辽宁、河北、山东、吉林、内蒙古、江西、湖南、四川、河南、湖北、江苏、安徽、黑龙江。湖南是重要的粮食主产区之一,湖南的稻谷产量历年居各省份首位。

研究天气指数保险,需要考虑气候因素对选择区域的代表性。当所选择的区域越大时,气候数据的代表性就越小;当所选择的区域越小时,气候数据的代表性就越大。当气候数据对所选择的区域具有足够的代表性时,厘定的天气指数保险的费率就会越精确,测算的政府保费补贴支出也就越准确。

考虑到上述两个方面的因素,本章选择湖南省长沙县早稻作物为样本,不仅保证了样本属于粮食主产区,而且由于在能够搜集到气候数据的前提下,区域范围最小(更小区域的乡、村一级无法提供气候数据)。

长沙县位于湖南省东部偏北,湘江下游东岸。地处东经 112°56′15″—113°36′00″,北纬 27°54′55″—28°38′55″,东西宽约 55.9 千米,南北长约 81.85 千米,总面积 1756 平方千米。

长沙县地处东亚季风区,属亚热带湿润气候。由于位居盆地内部,距海较远,受冬夏季风转换、地势向西北倾斜等因素的影响,全县气候具有春温变化大、夏初雨水多、伏秋高温久、冬季严寒少的特点。有两个主要特征:一是水热充足,生长期长。长沙县平均气温 16—20 ℃,日照时数为 1600—1800 小时,热量充足。年均降水量 1877.1 毫米,在湖南省内居中等略偏少的地位,降水量集中在春夏两季。多雨期与高温期一致,生长期长,对农业生产有利。降水年际变化大。二是气候温和,四季分明,夏冬季长,春秋季短。春季从 3 月中旬到 5 月中下旬,为期 70 天左右,气温升高很快,对春播有利。春季阴雨潮湿,降水量占全年 40%以上。夏季从 5 月中下旬至 9 月下旬,为期约 130 天。季节长、天气热是夏季突出的特点。秋季从 9 月下旬至 11 月中旬,将近 60 天,是全年最短的一季。冬季从 11 月中旬到次年 3 月上旬,为期 3 个半月,各月的平均气温大多在 6.1 ℃以上。冬季的降水量仅占全年的 16%,是一年中降水量最少的季节。

2. 数据来源

需要搜集的数据包括两类:一是单产数据,二是降水量数据。

先确定搜集数据的时间区段为 1987—2018 年,共 32 年,在时间上属于大样本,符合建模分析的要求。

长沙县早稻单产数据来源于相应年份的《长沙统计年鉴》,都换算成统一的单位:公斤/公顷,如附表 2 所示,绘制成如图 4-1 所示的折线图。

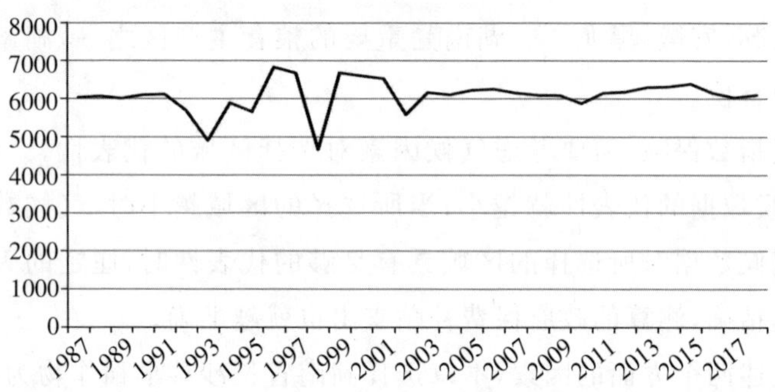

图 4-1　1987—2018 年长沙县早稻作物单产折线图(公斤/公顷)

1998 年,长沙县遭受了近三十年来最严重的自然灾害,当年的早稻单产为 1987—2018 年间的最低水平,只有 4666 公斤/公顷;单产最高的年份为 1996 年,风调雨顺,没有受自然灾害的影响,年单产达到 6829 公斤/公顷。32 年间,各年的平均单产为 6081 公斤/公顷。

长沙县早稻作物的生长时间为 3—7 月,3 月播种,7 月收割,共 5 个月的生长时间。降水量数据来源于中国气象局国家气象信息中心气象资料室,时间范围为 1987—2018 年的 3—7 月,每个数据为当年当月降水量之和。数据列于附表 3 中。

将附表 3 中长沙县 1987—2018 年 3—7 月的降水量数据绘成折线图,如图 4-2 所示。

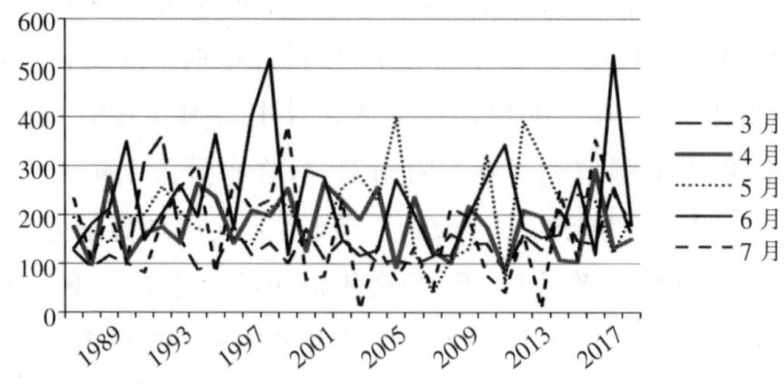

图 4-2　长沙县 1987—2018 年 3—7 月的月降水量图 (单位:mm)

对上述搜集的降水量数据进行统计描述，先计算各月份的平均数。3—7月的平均降水量分别是146.64 mm、178.88 mm、200.63 mm、229.04 mm、163.51 mm。这说明，在早稻作物生长的3—7月，3月降水量最少，只有146.64 mm，6月降水量最多，为229.04 mm。3—6月，每月平均降水量逐月增加且增长明显。但到了7月，平均降水量下降到163.51 mm。

再分析降水量在各年之间的变化程度。计算3—7月的降水量标准差依次为61.82 mm、61.61 mm、82.62 mm、110.85 mm、97.85 mm；3—7月的标准差系数依次为0.4215、0.3444、0.4118、0.4840、0.5984。降水量标准差系数最小的是4月，为0.3444，说明4月的降水量在各年之间变化最小，降水量相对稳定；降水量准差系数最大的是7月，为0.5984，说明7月的降水量在各年之间变化最大，降水量相对来说最不稳定。

(二)实施天气指数保险的可行性

一是长沙县开展农业保险已经积累了丰富的经验。长沙县是较早开展农业保险的地区之一。尤其是2007年以来，长沙县农业保险以“支农、强农、惠农”为根本宗旨，按照“政府引导、市场运作、自主自愿、协同推进”的基本原则，政府在政策宣传、保费补贴方面进行引导，商业保险公司通过公平竞争取得承保资格，农民自主自愿参与投保，历经多年的积极探索，长沙县农业保险取得了长足发展，积累了比较丰富的经验，初步实现了从“要我发展”到“我要发展”的转变。

——政府成立了农业保险的专门管理机构。长沙县人民政府成立了长沙县农业保险工作领导小组，下设农业保险领导小组办公室，负责协调推进承保工作；设农业保险宣传工作办公室，负责农业保险的宣传工作；设农业保险理赔工作办公室，负责灾后查勘、定损、理赔及纠纷处理工作。在乡镇一级，农业办公室和农业服务中心组织各村的协保员宣传政策，并开展有商业保险公司专人参与的实务操作培训。

——保险产品不断创新。2007年长沙县仅有水稻、油菜、能繁母猪3个承保险种，保险品种单一，且承保面不大，农民对农业保险了解不多。目前，长沙县农业保险险种已发展到20多个品种，较好地满足了农户的保险需求。保费收入保持12年持续增长的势头，年平均增长75%。

——服务体系不断健全。形成了县、乡镇、村三级服务网络，乡镇设立了农业保险办公室，乡镇的农业保险专职、兼职干部以及村级协保员队伍达到500余人，实现了“购买保险不出村，出险赔付送上门”的服务目标。

二是长沙县具备取得气象数据的条件。长沙县的黄花气象观测站，历史悠久，经过建立年限、历史元数据、区域代表性、累积中断观测时间上限等九个方面的考核认定，2018 年获得“中国百年气象站”称号，成为全国首批百年气象站之一，能够长期提供连续的气象数据。

三是各级政府鼓励、支持天气指数保险的实施与推广。在政府保费补贴政策支持下，农业保险发展迅猛。但与此同时，传统农业保险、区域产量保险本身所固有的缺陷不断凸显，影响了农业保险的健康发展。为此，各级政府积极鼓励农业保险的创新，中央政府多次倡导开展天气指数保险的研究和推广，长沙市政府 2015 年也印发了《关于加快发展现代保险服务业的实施意见》，对天气指数保险提出了试点要求。各级政府的政策支持为天气指数保险的开展提供了有利条件。

(三)触发值与干旱测度指标的计算

单产 X 以及 3—7 月的降水量 JS_3、JS_4、JS_5、JS_6、JS_7 都是时间序列数据，在建立时间序列模型之前，需要先判断各个指标的平稳性。这里采用 ADF 单位根检验法，对每个指标进行平稳性检验，将检验的结果列于表 4-1 中。

表 4-1　单产、降水量的平稳性检验结果

指标	指标名称	检验类型(C,T,L)	ADF 统计量	P 值
X	单产	(C,0,1)	−5.6837	0.0000
JS_3	3 月份降水量	(C,0,1)	−3.9874	0.0044
JS_4	4 月份降水量	(C,0,1)	−7.5930	0.0000
JS_5	5 月份降水量	(C,0,1)	−5.1648	0.0002
JS_6	6 月份降水量	(C,0,1)	−5.9167	0.0000
JS_7	7 月份降水量	(C,0,1)	−5.6450	0.0001

指标	10%临界值	5%临界值	1%临界值	DW 值	结论
X	−2.6191	−2.9604	−3.6616	2.0211	平稳
JS_3	−2.6191	−2.9604	−3.6616	1.8560	平稳
JS_4	−2.6191	−2.9604	−3.6616	2.0402	平稳
JS_5	−2.6191	−2.9604	−3.6616	1.9993	平稳
JS_6	−2.6191	−2.9604	−3.6616	2.0202	平稳
JS_7	−2.6191	−2.9604	−3.6616	1.9496	平稳

注：(C,T,L)中，C 表示截距项，T 表示趋势项，L 表示滞后项；0 表示没有 C 或 T；滞后阶数 L 依 SIC 准则确定。

表 4-1 表明，在 1% 的显著性水平上，上述 6 个指标都是平稳的，可以建立 ARMA模型对它们进行分析。

对于 3—7 月降水量指标 JS_3、JS_4、JS_5、JS_6、JS_7，采用 EViews 软件分别建立 ARMA模型，列于表 4-2 第(1)列。写出这些模型对应的特征方程，特征方程的特征根列于第(2)列。再对 ARMA 模型的残差项是否为白噪声进行检验，采用 Ljung-Box-Q 统计量，其最大滞后期取$[n/4]=7$，残差检验结果列于第(3)列中。

表 4-2　月降水量的 ARMA 模型及其残差项检验

月份	ARMA 模型	特征根	残差序列检验
	(1)	(2)	(3)
3 月	$JS_{3t}=147.74+0.29AR(1)+v_t$ (9.53)　(2.65) $AIC=10.66, DW=1.86$	0.29	$Q_{(7)}=3.8253$ $P=0.800$
4 月	$JS_{4t}=179.21-0.33AR(1)+v_t$ (22.16)(−1.91) $AIC=11.2, DW=2.04$	−0.33	$Q_{(7)}=5.7724$ $P=0.567$
5 月	$JS_{5t}=206.83+0.81AR(1)-0.99MA(1)+v_t$ (40.26)　(3.53)　(−4.49) $AIC=10.50, DW=1.87$	0.81	$Q_{(7)}=9.6541$ $P=0.209$
6 月	$JS_{6t}=230.67-0.79AR(2)+0.88MA(2)+v_t$ (10.98)　(−7.39)　(16.50) $AIC=12.32, DW=2.13$	$\pm 0.89i$	$Q_{(7)}=1.8740$ $P=0.966$
7 月	$JS_{7t}=160.61-0.54AR(2)+0.93MA(2)+v_t$ (7.61)　(−3.32)　(27.91) $AIC=11.97, DW=2.01$	$\pm 0.73i$	$Q_{(7)}=0.9412$ $P=0.996$

表 4-2 中，先分析 ARMA 模型的平稳性检验。由于 MA 过程在任何条件下都是平稳过程，所以，对 ARMA 过程平稳性的要求就完全表现在对 AR 部分的要求上。从各模型相应的特征方程的特征根看，它们的模都小于 1，满足平稳性要求。

再分析 ARMA 模型残差序列的检验。从各个 Q 统计量相应的 P 值来看，P 值都远大于检验的显著性水平 1%，说明所有 Q 值都小于检验水平为 1%的 χ^2 分布临界值(位于临界值左侧)，故接受原假设 H_0，即模型的残差项序列为白噪声序列。

可见，所建立的ARMA模型是平稳的，而且模型的残差序列是白噪声序列，所以，这些ARMA模型都可以用于预测。

基于上述建立的ARMA模型，选用静态预测法，即以指标的真实值来进行预测，可以得到历年3—7月的降水量预测值序列$J\hat{S}_3$、$J\hat{S}_4$、$J\hat{S}_5$、$J\hat{S}_6$、$J\hat{S}_7$，以及预测标准误差序列S_3、S_4、S_5、S_6、S_7，如表4-3中的第(1)、(2)、(3)列所示。

当干旱赔付的概率取40%时，即$\frac{\alpha}{2}=40\%$，查表得$z_{\frac{\alpha}{2}}=0.255$，此时干旱保险触发值为$J\hat{S}_j-z_{\frac{\alpha}{2}}S_j=J\hat{S}_j-0.255S_j, j=3, 4, 5, 6, 7$，列于表4-3第(4)列。

干旱保险赔付概率$\frac{\alpha}{2}=40\%<50\%$，根据式(4-2)，可以计算该赔付概率时的干旱测度指标$GH_j^A=\max\{(J\hat{S}_j-z_{\frac{\alpha}{2}}S_j)-JS_j, 0\}=\max\{(J\hat{S}_j-0.255S_j)-JS_j, 0\}, j=3, 4, 5, 6, 7$，如表4-3的第(5)列。

当干旱保险的赔付概率取60%时，即$1-\frac{\alpha}{2}=60\%$，同样$z_{\frac{\alpha}{2}}=0.255$，此时干旱保险的触发值为$J\hat{S}_j+z_{\frac{\alpha}{2}}S_j=J\hat{S}_j+0.255S_j, j=3, 4, 5, 6, 7$，如表4-3第(6)列所示。

干旱保险赔付概率$\left(1-\frac{\alpha}{2}\right)=60\%>50\%$，根据式(4-3)可以计算出该赔付概率时的干旱测度指标：$GH_j^B=\max\{(J\hat{S}_j+z_{\frac{\alpha}{2}}S_j)-JS_j, 0\}=\max\{(J\hat{S}_j+0.255S_j)-JS_j, 0\}, j=3, 4, 5, 6, 7$，如表4-3的第(7)列。

表4-3 触发值和干旱测度指标计算表

年份	3月份						
	JS_3	$J\hat{S}_3$	S_3	干旱保险赔付概率			
				40%		60%	
				触发值	干旱测度指标	触发值	干旱测度指标
				$J\hat{S}_3-0.255S_3$	GH_3^A	$J\hat{S}_3+0.255S_3$	GH_3^B
	(1)	(2)	(3)	(4)	(5)	(6)	(7)
1987	126.4	—	—	—	—	—	—
1988	92.3	141.4	62.0	125.66	33.36	157.32	65.02
1989	116.9	131.5	62.7	115.52	0.00	147.50	30.60

续表

年份	3月份						
	JS_3	$J\hat{S}_3$	S_3	干旱保险赔付概率			
				40%		60%	
				触发值	干旱测度指标	触发值	干旱测度指标
				$J\hat{S}_3-0.255S_3$	GH_3^A	$J\hat{S}_3+0.255S_3$	GH_3^B
	(1)	(2)	(3)	(4)	(5)	(6)	(7)
1990	98.9	138.7	62.2	122.85	23.95	154.57	55.67
1991	308.6	133.4	62.5	117.49	0.00	149.39	0.00
1992	360.0	194.8	68.3	177.41	0.00	212.27	0.00
1993	151.4	209.8	72.6	191.36	39.96	228.41	77.01
1994	88.6	148.8	61.9	133.00	44.40	164.62	76.02
1995	96.6	130.4	62.8	114.41	17.81	146.45	49.85
1996	176.1	132.7	62.6	116.80	0.00	148.73	0.00
1997	117.6	156.0	62.2	140.18	22.58	171.91	54.31
1998	142.8	138.9	62.1	123.06	0.00	154.78	11.98
1999	101.2	146.2	61.9	130.49	29.29	162.10	60.90
2000	171.0	134.1	62.4	118.18	0.00	150.05	0.00
2001	110.5	154.5	62.1	138.71	28.21	170.40	59.90
2002	147.9	136.8	62.3	120.95	0.00	152.73	4.83
2003	134.6	147.7	61.9	131.98	0.00	163.59	28.99
2004	102.4	143.8	62.0	128.08	25.68	159.71	57.31
2005	106.8	134.4	62.4	118.54	11.74	150.40	43.60
2006	98.7	135.7	62.3	119.85	21.15	151.66	52.96
2007	114.8	133.3	62.5	117.43	2.63	149.33	34.53
2008	159.9	138.1	62.2	122.23	0.00	153.97	0.00
2009	140.9	151.3	62.0	135.48	0.00	167.12	26.22
2010	141.2	145.7	61.9	129.93	0.00	161.55	20.35
2011	83.0	145.8	61.9	130.02	47.02	161.63	78.63
2012	159.7	128.7	62.9	112.72	0.00	144.85	0.00
2013	128.4	151.2	62.0	135.42	7.02	167.06	38.66
2014	210.0	142.0	62.0	126.25	0.00	157.91	0.00
2015	146.9	165.9	63.0	149.90	3.00	182.04	35.14
2016	139.7	147.5	61.9	131.69	0.00	163.30	23.60
2017	258.9	145.3	61.9	129.58	0.00	161.20	0.00
2018	160.0	180.2	65.1	163.68	3.68	196.89	36.89

续表

年份	4月份						
	JS_4	$J\hat{S}_4$	S_4	干旱保险赔付概率			
				40%		60%	
				触发值	干旱测度指标	触发值	干旱测度指标
				$J\hat{S}_4-0.255S_4$	GH_4^A	$J\hat{S}_4+0.255S_4$	GH_4^B
	(1)	(2)	(3)	(4)	(5)	(6)	(7)
1987	174.9	—	—	—	—	—	—
1988	98.1	180.6	61.0	165.0	66.9	196.2	98.1
1989	275.7	206.3	62.6	190.3	0.0	222.3	0.0
1990	107.4	146.9	63.3	130.8	23.4	163.1	55.7
1991	161.9	203.2	62.3	187.3	25.4	219.1	57.2
1992	175.1	185.0	61.1	169.4	0.0	200.5	25.4
1993	142.3	180.5	61.0	165.0	22.7	196.1	53.8
1994	263.5	191.5	61.3	175.9	0.0	207.2	0.0
1995	236.1	151.0	62.7	135.0	0.0	167.0	0.0
1996	142.2	160.1	61.8	144.4	2.2	175.9	33.7
1997	208.8	191.5	61.3	175.9	0.0	207.2	0.0
1998	197.9	169.3	61.2	153.7	0.0	184.9	0.0
1999	253.7	172.9	61.1	157.3	0.0	188.5	0.0
2000	126.2	154.3	62.3	138.4	12.2	170.2	44.0
2001	265.3	196.9	61.7	181.1	0.0	212.6	0.0
2002	228.3	150.4	62.8	134.4	0.0	166.4	0.0
2003	190.0	162.8	61.6	147.0	0.0	178.5	0.0
2004	255.5	175.6	61.0	160.0	0.0	191.1	0.0
2005	92.2	153.7	62.4	137.7	45.5	169.6	77.4
2006	235.2	208.3	62.9	192.2	0.0	224.3	0.0
2007	127.1	160.4	61.7	144.7	17.6	176.2	49.1
2008	101.6	196.6	61.7	180.8	79.2	212.3	110.7
2009	217.0	205.1	62.5	189.2	0.0	221.1	4.1
2010	174.6	166.5	61.3	150.9	0.0	182.2	7.6
2011	83.3	180.7	61.0	165.1	81.8	196.3	113.0
2012	208.7	211.2	63.3	195.1	0.0	227.4	18.7
2013	195.9	169.3	61.2	153.7	0.0	184.9	0.0
2014	107.3	173.6	61.0	158.0	50.7	189.2	81.9
2015	104.1	203.2	62.3	187.3	83.2	219.1	115.0
2016	292.2	204.3	62.4	188.3	0.0	220.2	0.0
2017	132.2	141.4	64.1	125.0	0.0	157.7	25.5
2018	150.0	194.9	61.5	179.2	29.2	210.6	60.6

续表

年份	5月份						
	JS_5	$J\hat{S}_5$	S_5	干旱保险赔付概率			
				40%		60%	
				触发值	干旱测度指标	触发值	干旱测度指标
				$J\hat{S}_5-0.255S_5$	GH_5^A	$J\hat{S}_5+0.255S_5$	GH_5^B
	(1)	(2)	(3)	(4)	(5)	(6)	(7)
1987	194.0	—	—	—	—	—	—
1988	168.3	166.3	88.8	143.7	0.0	189.0	20.7
1989	141.2	173.6	117.6	143.6	2.4	203.6	62.4
1990	197.3	185.9	116.2	156.3	0.0	215.6	18.3
1991	199.6	187.7	115.7	158.2	0.0	217.2	17.6
1992	257.8	189.1	115.4	159.6	0.0	218.5	0.0
1993	207.1	179.5	115.7	150.0	0.0	209.0	1.9
1994	169.6	179.5	115.9	149.9	0.0	209.0	39.4
1995	165.4	186.5	115.8	156.9	0.0	216.0	50.6
1996	153.9	194.3	115.8	164.7	10.8	223.8	69.9
1997	140.0	204.2	115.9	174.6	34.6	233.8	93.8
1998	216.3	216.8	116.1	187.1	0.0	246.4	30.1
1999	221.4	215.0	115.6	185.5	0.0	244.5	23.1
2000	148.2	212.3	115.1	182.9	34.7	241.6	93.4
2001	162.5	223.3	115.5	193.8	31.3	252.7	90.2
2002	256.2	231.6	116.1	202.0	0.0	261.2	5.0
2003	280.3	222.3	115.0	193.0	0.0	251.7	0.0
2004	227.8	208.5	114.1	179.4	0.0	237.6	9.8
2005	400.8	204.6	113.9	175.5	0.0	233.6	0.0
2006	125.4	168.1	115.4	138.7	13.3	197.6	72.2
2007	37.8	183.4	114.2	154.3	116.5	212.6	174.8
2008	110.0	215.2	114.2	186.1	76.1	244.3	134.3
2009	130.7	233.4	115.7	203.9	73.2	262.9	132.2
2010	323.1	247.7	118.0	217.6	0.0	277.8	0.0
2011	57.9	225.8	115.5	196.4	138.5	255.3	197.4
2012	391.7	253.8	120.8	223.0	0.0	284.6	0.0
2013	319.0	219.1	117.5	189.1	0.0	249.0	0.0
2014	226.3	198.0	116.8	168.2	0.0	227.8	1.5
2015	241.1	194.3	116.3	164.7	0.0	224.0	0.0
2016	228.3	187.9	115.8	158.3	0.0	217.5	0.0
2017	121.4	183.9	115.3	154.5	33.1	213.3	91.9
2018	200.0	199.9	114.5	170.7	0.0	229.1	29.1

续表

年份	6月份						
	JS_6	$J\hat{S}_6$	S_6	干旱保险赔付概率			
				40%		60%	
				触发值	干旱测度指标	触发值	干旱测度指标
				$J\hat{S}_6-0.255S_6$	GH_6^A	$J\hat{S}_6+0.255S_6$	GH_6^B
	(1)	(2)	(3)	(4)	(5)	(6)	(7)
1987	131.4	—	—	—	—	—	—
1988	181.0	—	—	—	—	—	—
1989	212.0	337.0	119.0	306.6	94.6	367.3	155.3
1990	349.6	317.1	114.3	288.0	0.0	346.3	0.0
1991	148.4	135.0	154.2	95.7	0.0	174.4	26.0
1992	202.9	164.6	147.9	126.9	0.0	202.3	0.0
1993	260.4	307.9	152.3	269.0	8.6	346.7	86.3
1994	196.2	286.5	147.6	248.8	52.6	324.2	128.0
1995	363.7	165.0	152.2	126.2	0.0	203.8	0.0
1996	172.3	178.2	148.1	140.5	0.0	216.0	43.7
1997	401.6	300.2	153.9	261.0	0.0	339.5	0.0
1998	518.8	271.8	147.6	234.1	0.0	309.4	0.0
1999	118.2	184.1	151.4	145.5	27.3	222.7	104.5
2000	290.5	219.5	150.4	181.1	0.0	257.9	0.0
2001	277.2	261.9	150.7	223.4	0.0	300.3	23.1
2002	149.1	245.7	148.7	207.7	58.6	283.6	134.5
2003	116.1	207.1	150.7	168.6	52.5	245.5	129.4
2004	128.4	210.2	147.8	172.5	44.1	247.9	119.5
2005	272.1	241.4	151.3	202.8	0.0	280.0	7.9
2006	200.9	239.7	148.6	201.8	0.9	277.6	76.7
2007	118.5	224.8	151.4	186.1	67.6	263.4	144.9
2008	116.4	220.0	148.1	182.2	65.8	257.7	141.3
2009	198.5	226.0	152.8	187.0	0.0	265.0	66.5
2010	276.4	230.0	149.4	191.9	0.0	268.1	0.0
2011	342.9	231.9	151.0	193.4	0.0	270.4	0.0
2012	173.1	235.2	149.8	196.9	23.8	273.4	100.3
2013	153.8	239.3	148.7	201.4	47.6	277.3	123.5
2014	158.7	221.6	150.5	183.2	24.5	260.0	101.3
2015	273.2	216.2	148.3	178.4	0.0	254.0	0.0
2016	118.6	232.3	148.6	194.4	75.8	270.2	151.6
2017	526.5	247.1	148.2	209.3	0.0	284.9	0.0
2018	182.0	219.3	150.3	181.0	0.0	257.7	75.7

续表

年份	7月份						
	JS_7	$J\hat{S}_7$	S_7	干旱保险赔付概率			
				40%		60%	
				触发值	干旱测度指标	触发值	干旱测度指标
				$J\hat{S}_7-0.255S_7$	GH_7^A	$J\hat{S}_7+0.255S_7$	GH_7^B
	(1)	(2)	(3)	(4)	(5)	(6)	(7)
1987	232.8	—	—	—	—	—	—
1988	106.8	—	—	—	—	—	—
1989	205.3	280.4	100.1	254.9	49.6	305.9	100.6
1990	101.3	172.1	92.6	148.5	47.2	195.7	94.4
1991	82.3	66.4	131.4	32.9	0.0	99.9	17.6
1992	189.2	126.2	127.7	93.6	0.0	158.7	0.0
1993	253.8	217.3	129.5	184.3	0.0	250.3	0.0
1994	301.6	204.1	126.7	171.7	0.0	236.4	0.0
1995	80.1	144.7	130.0	111.5	31.4	177.8	97.7
1996	267.1	176.1	127.4	143.6	0.0	208.6	0.0
1997	211.5	143.4	130.9	110.0	0.0	176.8	0.0
1998	230.5	188.5	126.3	156.2	0.0	220.7	0.0
1999	382.3	196.9	131.7	163.3	0.0	230.5	0.0
2000	66.8	162.3	127.0	129.9	63.1	194.7	127.9
2001	73.2	214.9	128.5	182.1	108.9	247.7	174.5
2002	230.9	121.6	127.7	89.0	0.0	154.2	0.0
2003	5.3	75.0	130.7	41.7	36.4	108.4	103.1
2004	135.7	224.9	129.9	191.8	56.1	258.1	122.4
2005	66.7	178.6	128.6	145.8	79.1	211.4	144.7
2006	133.2	90.5	130.1	57.3	0.0	123.7	0.0
2007	44.4	106.3	129.2	73.4	29.0	139.3	94.9
2008	215.0	215.1	129.2	182.1	0.0	248.0	33.0
2009	194.8	165.0	128.7	132.1	0.0	197.8	3.0
2010	75.3	131.3	127.3	98.8	23.5	163.8	88.5
2011	40.8	170.1	128.9	137.2	96.4	202.9	162.1
2012	161.6	153.9	127.2	121.5	0.0	186.4	24.8
2013	7.6	104.0	131.7	70.4	62.8	137.6	130.0
2014	250.1	167.2	126.5	134.9	0.0	199.4	0.0
2015	108.7	152.5	127.7	119.9	11.2	185.1	76.4
2016	352.3	190.0	127.7	157.5	0.0	222.6	0.0
2017	246.5	147.5	128.1	114.8	0.0	180.1	0.0
2018	179.0	209.3	127.6	176.8	0.0	241.9	62.93

(四)计算气候减产率

长沙县早稻作物单产 X 是时间序列,需要检验其是否平稳。由表 4-1 可知,ADF 单位根检验的结果已经表明,单产序列 X 是平稳的,故可建立关于 X 的 ARMA模型:

$$
\begin{aligned}
X_t = & 6065.441 + 0.5388AR(1) - 0.7797AR(2) - \\
& (81.3053) \qquad (4.5039) \qquad (-8.2679) \\
& 0.7025MA(1) + 0.9999MA(2) + v_t \qquad (4\text{-}11) \\
& (-3.2200) \qquad (6.6276)
\end{aligned}
$$

$R^2 = 0.5414$, $F = 3.2846$(F 值所对应的 P 值为 0.0270),DW 值为 2.1134,AIC 值为 14.9689。

先了解该 ARMA 模型(4-11)是否具有平稳性。写出上述模型相应的特征方程,计算其特征根为 $0.27 \pm 0.84i$,该特征根的模 $|0.27 \pm 0.84i| < 1$,模型(4-11)满足平稳性要求。

再分析模型的残差序列是否为白噪声。取相关图的滞后期 $[n/4] = 7$,$Q_{(7)} = 2.8422$,相应的 P 值为 0.899,大于显著性水平 1%,说明 $Q_{(7)}$ 值小于检验水平为 1%的 χ^2 分布的临界值,故接受原假设,意味着模型(4-11)的残差序列为白噪声。

关于单产 X 的模型(4-11)不仅是平稳的,而且模型的残差项为白噪声,所以,ARMA 模型(4-11)可以用于预测。

基于 ARMA 模型(4-11),考虑到已有各年实际单产,故选用静态预测法,预测得到 1989—2018 年各年的早稻单产估计值,即趋势值 $\hat{X}$,如表 4-4 第(3)列所示。

对于单产的趋势值 $\hat{X}$,为检验其预测是否符合要求,现计算其预测精度指标,即平均绝对百分误差(MAPE):

$$
\text{MAPE} = \left(\sum_{t=1}^{n} \left| \frac{X_t - \hat{X}_t}{X_t} \right| / n \right) \times 100 = \frac{1.4440}{30} \times 100 = 4.8133
$$

平均绝对百分误差 MAPE 小于 10,说明单产趋势值 $\hat{X}$ 符合预测精度要求。

将实际单产 X、依据单产趋势模型得到的趋势单产 $\hat{X}$ 代入式(4-4)中,可以计算出气候减产率 Y 序列,如表 4-4 第(6)列所示。

表 4-4 气候减产率 Y 计算表

年份	X	$\hat{X}$	$\|X-\hat{X}\|$	$\frac{\|X-\hat{X}\|}{X}$	Y
	(1)	(2)	(3)	(4)	(5)
1987	6031	—	—	—	—
1988	6066	—	—	—	—
1989	6012	5765.5280	246.6219	0.0410	0.0000
1990	6099	6623.0432	523.1432	0.0857	0.0789
1991	6120	6739.7198	619.7198	0.1012	0.0919
1992	5689	5980.2619	290.3119	0.0510	0.0485
1993	4900	5404.8596	504.6596	0.1029	0.0933
1994	5888	5794.6372	93.3627	0.0158	0.0000
1995	5658	6308.2062	650.2062	0.1149	0.1030
1996	6829	6534.4404	294.5595	0.0431	0.0000
1997	6677	5937.4522	739.5477	0.1107	0.0000
1998	4666	5574.5283	908.5283	0.1947	0.1629
1999	6680	6212.3369	467.6630	0.0700	0.0000
2000	6601	6250.7552	350.2447	0.0530	0.0000
2001	6525	6096.3704	428.6295	0.0656	0.0000
2002	5585	5944.5372	359.5372	0.0643	0.0604
2003	6165	6129.4317	35.5682	0.0057	0.0000
2004	6105	6109.2062	4.2062	0.0007	0.0007
2005	6225	6047.6466	177.3533	0.0284	0.0000
2006	6255	5991.7585	263.2414	0.0420	0.0000
2007	6150	6035.5583	114.4416	0.0186	0.0000
2008	6093	6146.0155	52.7155	0.0086	0.0085
2009	6089	6165.9889	77.3389	0.0127	0.0125
2010	5878	6057.8482	179.7982	0.0305	0.0296
2011	6150	5995.3611	154.6388	0.0251	0.0000
2012	6180	5968.6887	211.3112	0.0341	0.0000
2013	6300	6067.3996	232.6003	0.0369	0.0000
2014	6315	6150.3780	164.6219	0.0260	0.0000
2015	6390	6133.9383	256.0616	0.0400	0.0000
2016	6150	6030.4360	119.5639	0.0194	0.0000
2017	6030	6029.9709	0.0290	0.0000	0.0000
2018	6100	6099.9456	0.0543	0.0000	0.0000
和	—	—	—	1.4440	—

(五)构建气候减产率关于干旱测度指标的计量模型

先分析气候减产率、各干旱测度指标的平稳性。采用 ADF 检验法，将气候减产率 Y、3—7 月份干旱保险赔付概率取 40%、60%两种情况下的各干旱测度指标 GH_3^A、GH_4^A、GH_5^A、GH_6^A、GH_7^A、GH_3^B、GH_4^B、GH_5^B、GH_6^B、GH_7^B 的平稳性检验结果一并列于表 4-5 中。

表 4-5　气候减产率、干旱测度指标的平稳性检验结果

(干旱保险赔付概率为 40%时)

指标	指标名称	检验类型(C,T,L)	ADF 统计量	P 值
Y	气候减产率	(C,T,1)	−5.6028	0.0005
GH_3^A	3 月份干旱测度指标	(C,T,1)	−6.5781	0.0001
GH_4^A	4 月份干旱测度指标	(C,T,1)	−5.7088	0.0003
GH_5^A	5 月份干旱测度指标	(C,0,1)	−4.4145	0.0015
GH_6^A	6 月份干旱测度指标	(C,0,1)	−4.8798	0.0005
GH_7^A	7 月份干旱测度指标	(C,0,1)	−4.7968	0.0006

指标	10%临界值	5%临界值	1%临界值	DW 值	结论
Y	−3.2253	−3.5806	−4.3239	1.9558	平稳
GH_3^A	−3.2183	−3.5683	−4.2967	2.0341	平稳
GH_4^A	−3.2217	−3.5742	−4.3098	1.7109	平稳
GH_5^A	−2.6210	−2.9639	−3.6701	2.0750	平稳
GH_6^A	−2.6251	−2.9718	−3.6891	2.0730	平稳
GH_7^A	−2.6229	−2.9677	−3.6793	2.0153	平稳

(干旱保险赔付概率为 60%时)

指标	指标名称	检验类型(C,T,L)	ADF 统计量	P 值
GH_3^B	3 月份干旱测度指标	(C,0,1)	−6.9539	0.0000
GH_4^B	4 月份干旱测度指标	(C,T,1)	−5.1628	0.0013
GH_5^B	5 月份干旱测度指标	(C,0,1)	−4.3770	0.0017
GH_6^B	6 月份干旱测度指标	(C,0,1)	−5.4409	0.0001
GH_7^B	7 月份干旱测度指标	(C,0,1)	−5.0887	0.0003

续表

指标	10%临界值	5%临界值	1%临界值	DW 值	结论
GH_3^B	−2.6210	−2.9639	−3.6701	2.0084	平稳
GH_4^B	−3.2217	−3.5742	−4.3098	1.7179	平稳
GH_5^B	−2.6210	−2.9639	−3.6701	2.0243	平稳
GH_6^B	−2.6229	−2.9677	−3.6793	1.8344	平稳
GH_7^B	−2.6229	−2.9677	−3.6793	2.0213	平稳

在表 4-5 中，ADF 检验结果表明，气候减产率 Y、各干旱测度指标 GH_3^A、GH_4^A、GH_5^A、GH_6^A、GH_7^A、GH_3^B、GH_4^B、GH_5^B、GH_6^B、GH_7^B 都是平稳的，都是 0 阶单整序列。

气候减产率与各干旱测度指标的单整阶数是相同的，现进一步检验它们之间是否存在协整关系。

先采用 OLS 以气候减产率对各干旱测度指标进行协整回归，协整回归方程列于表 4-6 的第(1)列中，协整回归的残差项记为 $\hat{u}_t$。再检验残差项 $\hat{u}_t$ 的单整性，即通过检验 $\hat{u}_t$ 是否为 0 阶单整序列来检验气候减产率与各干旱测度指标间是否具有协整性。为此，提出原假设和备择假设：

原假设 H_0：u_t 非平稳(气候减产率与干旱测度指标不存在协整关系)；

备择假设 H_1：u_t 平稳(气候减产率与干旱测度指标存在协整关系)。

进行 AEG 回归，回归模型及其重要指标列于表 4-6 的第(2)列中。

表 4-6 气候减产率关于各干旱测度指标的协整检验

协整变量	协整回归方程	协整回归方程残差项的非平稳性检验
		AEG 回归
	(1)	(2)
Y 与 GH_3^A	$\hat{Y}_t=0.000736GH_{3t}^A$ (2.6015) $DW=1.9851$, $T=30$	$\Delta\hat{u}_t=0.0675 - 0.0031t - 1.3581\hat{u}_{t-1}$ (4.0066) (−3.3312) (−7.6171) $R^2=0.6908$, $DW=2.1841$, $T=29$, $F=29.0507$, $AEG=-7.6171$

续表

协整变量	协整回归方程	协整回归方程残差项的非平稳性检验
		AEG 回归
	(1)	(2)
Y 与 GH_4^A	$\hat{Y}_t=0.000253GH_{4t}^A$ (2.8820) $DW=1.7588$, $T=30$	$\Delta\hat{u}_t=0.117-0.005t-1.811\hat{u}_{t-1}+0.334\Delta\hat{u}_{t-1}$ (4.703) (−4.389) (−5.825) (1.817) $R^2=0.7138$, $DW=1.9871, T=28$, $F=19.9562$, $AEG=-5.8256$
Y 与 GH_5^A	$\hat{Y}_t=0.0000323GH_{5t}^A$ (3.1473) $DW=1.7216$, $T=30$	$\Delta\hat{u}_t=0.114-0.004t-1.763\hat{u}_{t-1}+0.295\Delta\hat{u}_{t-1}$ (4.508) (−4.068) (−5.583) (1.529) $R^2=0.7075$, $DW=1.9526, T=28$, $F=19.3512$, $AEG=-5.5835$
Y 与 GH_6^A	$\hat{Y}_t=0.000128GH_{6t}^A$ (2.5225) $DW=1.8965$, $T=30$	$\Delta\hat{u}_t=0.109-0.004t-1.723\hat{u}_{t-1}+0.270\Delta\hat{u}_{t-1}$ (4.347) (−3.963) (−5.449) (1.461) $R^2=0.7004$, $DW=1.9206, T=28$, $F=18.7054$, $AEG=-5.4492$
Y 与 GH_7^A	$\hat{Y}_t=0.000164GH_{7t}^A$ (2.7424) $DW=1.8821$, $T=30$	$\Delta\hat{u}_t=0.097-0.004t-1.579\hat{u}_{t-1}+0.224\Delta\hat{u}_{t-1}$ (3.870) (−3.507) (−5.025) (−2.182) $R^2=0.6605$, $DW=1.9556, T=28$, $F=15.5648$, $AEG=-5.0254$
Y 与 GH_3^B	$\hat{Y}_t=0.000394GH_{3t}^B$ (2.9513) $DW=2.0230$, $T=30$	$\Delta\hat{u}_t=0.0648-0.0033t-1.3460\hat{u}_{t-1}$ (3.9481) (−3.5781) (−7.6287) $R^2=0.6918$, $DW=2.0714, T=29$, $F=29.1866$, $AEG=-7.6287$

续表

协整变量	协整回归方程	协整回归方程残差项的非平稳性检验
		AEG 回归
	(1)	(2)
Y 与 GH_4^B	$\hat{Y}_t=0.000241GH_{4t}^B$ (2.3732) $DW=1.8432$, $T=30$	$\Delta\hat{u}_t=0.114 - 0.005t - 1.856\hat{u}_{t-1} + 0.382\Delta\hat{u}_{t-1}$ (4.856) (−4.611) (−6.156) (2.122) $R^2=0.7208$, $DW=2.0408, T=28$, $F=20.6414$, $AEG=-6.1564$
Y 与 GH_5^B	$\hat{Y}_t=0.000103GH_{5t}^B$ (2.8416) $DW=1.8505$, $T=30$	$\Delta\hat{u}_t=0.103 - 0.004t - 1.695\hat{u}_{t-1} + 0.274\Delta\hat{u}_{t-1}$ (4.159) (−3.824) (−5.391) (2.465) $R^2=0.7898$, $DW=1.9527, T=28$, $F=17.7944$, $AEG=-5.3912$
Y 与 GH_6^B	$\hat{Y}_t=0.0000913GH_{6t}^B$ (3.9111) $DW=1.7844$, $T=30$	$\Delta\hat{u}_t=0.103 - 0.004t - 1.687\hat{u}_{t-1} + 0.254\Delta\hat{u}_{t-1}$ (4.133) (−3.849) (−5.312) (1.361) $R^2=0.7930$, $DW=1.9159, T=28$, $F=18.0604$, $AEG=-5.3122$
Y 与 GH_7^B	$\hat{Y}_t=0.000114GH_{7t}^B$ (2.0643) $DW=1.7996$, $T=30$	$\Delta\hat{u}_t=0.0745 - 0.0035t - 1.2457\hat{u}_{t-1}$ (4.2939) (−3.7098) (−6.9415) $R^2=0.6505$, $DW=2.1014, T=29$, $F=24.2001$, $AEG=-6.9415$

从定性角度分析，干旱测度指标值越大，表示降水量越少，干旱灾害越严重，作物遭受的影响越大，实际单产下降越多，气候减产率就越大。也就是说，气候减产率随干旱测度指标成正比例变化。在表 4-6 的第(1)列中，协整回归系数均为正数，反映协整回归方程是合理的。

从定量角度分析，当检验水平为 1%、$T=29$ 时，查协整检验临界值表，并计算

协整检验临界值 $C_{0.01}=\varphi_\infty+\varphi_1 T^{-1}+\varphi_2 T^{-2}=-4.2990$；$T=28$ 时，$C_{0.01}=-4.3146$。从表 4-6 第(2)列协整回归方程残差项的非平稳性检验结果来看，都有 $AEG<C_{0.01}$，应拒绝 u_t 非平稳的原假设 H_0。所以，在 1%的显著性水平上，u_t 是平稳的，也就是说，气候减产率 Y 与各干旱测度指标 GH_3^A、GH_4^A、GH_5^A、GH_6^A、GH_7^A、GH_3^B、GH_4^B、GH_5^B、GH_6^B、GH_7^B 都存在协整关系。

(六)干旱保险的费率厘定

1. 估计干旱测度指标的期望值

先判断各干旱测度指标的分布形式。判断指标分布形式的方法很多，这里采用 Anderson-Darling 统计量以选择各指标的最佳分布。利用 EViews 软件，计算各干旱测度指标 GH_3^A、GH_4^A、GH_5^A、GH_6^A、GH_7^A、GH_3^B、GH_4^B、GH_5^B、GH_6^B、GH_7^B 在多种分布下修正的 Anderson-Darling 值(由于各干旱测度指标在非干旱年份的干旱测度指标值为 0，对于卡方分布、伽马分布、帕累托分布、威布尔分布等，都不能利用极大似然法对分布参数进行有效估计，故这里将从正态分布、逻辑斯谛分布、均匀分布、指数分布这四种常见的、可能的分布形式中选择最佳的分布形式)。使用 Anderson-Darling 检验时，如果某指标在某种分布下的修正 Anderson-Darling 值越小，表示该指标越符合该种分布形式。故根据修正 Anderson-Darling 值最小的原则来选择各干旱测度指标的最优分布，如表 4-7 的第(1)～(5)列所示。

由表 4-7 第(1)～(5)列可知，Anderson-Darling 检验表明，各干旱测度指标 GH_3^A、GH_4^A、GH_5^A、GH_6^A、GH_7^A、GH_3^B、GH_4^B、GH_5^B、GH_6^B、GH_7^B 的修正 Anderson-Darling 值在逻辑斯谛分布下是最小的。所以，在常见的正态分布、逻辑斯谛分布、均匀分布、指数分布中，这些干旱测度指标的最优分布都是逻辑斯谛分布。

逻辑斯谛分布的概率密度函数为：

$$f(x/\mu,s)=\left(\frac{1}{s}\right)\exp\left(\frac{x-\mu}{s}\right)\left(1+\exp\left(\frac{x-\mu}{s}\right)\right)^{-2} \tag{4-12}$$

其中，s 为形状参数，它影响着逻辑斯谛分布曲线的形状，$s>0$；μ 为位置参数，不同的位置参数值并不会影响逻辑斯谛分布的曲线形状，只会影响曲线在横轴上的位置。

利用极大似然估计法，可以计算得到各干旱测度指标 GH_3^A、GH_4^A、GH_5^A、GH_6^A、GH_7^A、GH_3^B、GH_4^B、GH_5^B、GH_6^B、GH_7^B 的逻辑斯谛分布的参数估计值，包括形状参数

s 和位置参数 μ，如表 4-7 中第(6)列所示。

对于服从逻辑斯谛分布的变量 x，其概率密度函数为式(4-12)，现求变量 x 的数学期望 $E(X)$：

$$E(X)=\int^{+\infty-\infty} xf(x/\mu,s)\mathrm{d}x$$
$$=\int^{+\infty-\infty} x\left(\frac{1}{s}\right)\exp\left(\frac{x-\mu}{s}\right)\left(1+\exp\left(\frac{x-\mu}{s}\right)\right)^{-2}\mathrm{d}x$$

令：

$$\frac{x-\mu}{s}=t$$

则：

$$E(X)=\int^{+\infty-\infty}\frac{(\mu+st)\mathrm{e}^t}{(1+\mathrm{e}^t)^2}\mathrm{d}t=\mu\int^{+\infty-\infty}\frac{\mathrm{e}^t}{(1+\mathrm{e}^t)^2}\mathrm{d}t+s\int^{+\infty-\infty}\frac{t\mathrm{e}^t}{(1+\mathrm{e}^t)^2}\mathrm{d}t$$
$$=\mu\int^{+\infty-\infty}(1+\mathrm{e}^t)^{-2}\mathrm{d}(1+\mathrm{e}^t)+s\int^{+\infty-\infty}\frac{t\mathrm{e}^t}{(1+\mathrm{e}^t)^2}\mathrm{d}t$$
$$=\mu+s\int^{+\infty-\infty}\frac{t\mathrm{e}^t}{(1+\mathrm{e}^t)^2}\mathrm{d}t \tag{4 - 13}$$

令：

$$g(t)=\frac{t\mathrm{e}^t}{(1+\mathrm{e}^t)^2}$$

则：

$$g(-t)=\frac{-t\mathrm{e}^{-t}}{(1+\mathrm{e}^{-t})^2}=\frac{-t\mathrm{e}^{-t}}{1+\mathrm{e}^{-2t}+2\mathrm{e}^{-t}}=\frac{-t\mathrm{e}^{-t}\times\mathrm{e}^{2t}}{(1+\mathrm{e}^{-2t}+2\mathrm{e}^{-t})\times\mathrm{e}^{2t}}$$
$$=\frac{-t\mathrm{e}^t}{1+\mathrm{e}^{2t}+2\mathrm{e}^t}=\frac{-t\mathrm{e}^t}{(1+\mathrm{e}^t)^2}=-g(t)$$

$g(-t)=-g(t)$，说明 $g(t)=\dfrac{t\mathrm{e}^t}{(1+\mathrm{e}^t)^2}$ 为奇函数。

所以，$\int_{-\infty}^{+\infty}\dfrac{t\mathrm{e}^t}{(1+\mathrm{e}^t)^2}\mathrm{d}t=0$。

代入式(4 - 13)，得：

$$E(X)=\mu$$

对于服从逻辑斯谛分布的变量 x，变量的数学期望等于其分布的位置参数 μ。据此，可以得到各干旱测度指标 GH_3^A、GH_4^A、GH_5^A、GH_6^A、GH_7^A、GH_3^B、GH_4^B、GH_5^B、GH_6^B、GH_7^B 的期望值，列于表 4 - 7 的第(7)列中。

表 4-7　干旱测度指标的分布判断与期望值估计

指标	修正 Anderson-Darling 值				结论	参数估计值	期望值(mm)
	正态分布	逻辑斯谛分布	均匀分布	指数分布	最优分布		
	(1)	(2)	(3)	(4)	(5)	(6)	(7)
GH_3^A	3.22	3.05	9656.8	5271.2	逻辑斯谛分布	μ=8.533(0.001), s=8.326(0.000)	8.533
GH_4^A	4.45	4.00	7587.5	7592.1	逻辑斯谛分布	μ=10.368(0.009), s=12.890(0.000)	10.368
GH_5^A	5.22	4.69	6897.7	8460.4	逻辑斯谛分布	μ=10.813(0.025), s=16.018(0.000)	10.813
GH_6^A	3.39	3.25	7645.8	5999.0	逻辑斯谛分布	μ=17.098(0.001), s=16.606(0.000)	17.098
GH_7^A	3.25	3.07	8277.3	6770.2	逻辑斯谛分布	μ=17.923(0.001), s=17.807(0.000)	17.923
GH_3^B	0.84	0.83	2013.6	1449.1	逻辑斯谛分布	μ=32.748(0.000), s=15.905(0.000)	32.748
GH_4^B	2.26	2.08	6868.1	3827.9	逻辑斯谛分布	μ=28.385(0.000), s=22.502(0.000)	28.385
GH_5^B	1.92	1.67	2003.8	1450.6	逻辑斯谛分布	μ=39.090(0.000), s=30.084(0.000)	39.090
GH_6^B	1.73	1.64	3643.7	2341.8	逻辑斯谛分布	μ=63.611(0.000), s=36.475(0.000)	63.611
GH_7^B	2.12	2.04	5848.3	3373.2	逻辑斯谛分布	μ=50.932(0.000), s=35.783(0.000)	50.932

表注:①样本时间区段:1988—2018 年;②第(6)列中,括号内数据为相应参数估计对应的 P 值。

由表 4-7 可知:

当干旱保险赔付概率为 40%时,各干旱测度指标的期望值分别为:

$E(GH_3^A)=8.5334$,$E(GH_4^A)=10.3689$,$E(GH_5^A)=10.8134$,$E(GH_6^A)=17.0989$,$E(GH_7^A)=17.9231$;

当干旱保险赔付概率为 60%时,各干旱测度指标的期望值分别为:

$E(GH_3^B)=32.7489$,$E(GH_4^B)=28.3859$,$E(GH_5^B)=39.0902$,$E(GH_6^B)=63.6113$,$E(GH_7^B)=50.9326$。

2. 纯费率的厘定

在计算出各干旱测度指标期望值的基础上，根据气候减产率关于各干旱测度指标的计量模型，可厘定干旱保险的纯费率。

当干旱保险的赔付概率为40％时：根据式(4-7)，结合表4-6的第(1)列、表4-7的第(7)列，可以计算出3—7月长沙县早稻作物干旱保险的纯费率依次为：0.6280％、0.2623％、0.0349％、0.2188％、0.2939％。这里统筹考虑影响附加费率的因素，如保险人的业务经营费用、管理费用、财务经营的稳定性、利润等因素，并结合天气指数保险的自身优势，假定由纯费率转换为费率的系数为1.8，从而得到3—7月干旱保险的费率分别为：1.1305％、0.4721％、0.0628％、0.3939％、0.5290％。

当干旱保险的赔付概率为60％时：根据式(4-8)，结合表4-6的第(1)列、表4-7的第(7)列，可以计算出3—7月长沙县早稻作物干旱保险的纯费率依次为：1.2903％、0.6841％、0.4026％、0.5807％、0.5806％。同样假定由纯费率转换为费率的系数为1.8，得到3—7月干旱保险的费率分别为：2.3225％、1.2313％、0.7247％、1.0453％、1.0451％。

(七)政府保费补贴支出的测算

1. 计算 $E(\hat{X})$

根据式(4-9)计算中央、省、市(县)政府单位面积的年均保费补贴支出(d_i)的需要，先计算趋势单产 $\hat{X}$ 的期望 $E(\hat{X})$。

利用模型(4-11)可计算得到趋势单产 $\hat{X}$ 序列，如表4-8的第(1)列。现采用 JB 统计量对趋势单产 $\hat{X}$ 是否服从正态分布进行检验。

JB 统计量服从 $\chi^2(2)$ 分布，JB 正态性检验属于右单端检验，检验的原假设是服从正态分布。

$$JB=\frac{T-k}{6}\left[S^2+\frac{1}{4}(K-3)^2\right] \tag{4-14}$$

其中，T 指数据的个数，这里是1989—2018年，$T=30$。

对于一个直接观测到的序列，k 值取0；如果该序列是某一回归方程的残差序列(估计的序列)，则 k 表示方程中解释变量的个数。这里的趋势单产 $\hat{X}$ 序列是由时间序列的ARMA求得的，故 $k=0$。

$$s=\sqrt{\frac{\sum_{t=1}^{T}(\hat{X}-\overline{X})^2}{T-1}}$$

S 是偏度值，其计算公式是：

$$S=\frac{1}{T}\sum_{t=1}^{T}\left(\frac{\hat{X}-\overline{X}}{\sigma}\right)^3$$

其中，

$$\sigma=\sqrt{\frac{\sum_{t=1}^{T}(\hat{X}-\overline{X})^2}{T}}$$

K 是峰度值，其计算公式是：

$$K=\frac{1}{T}\sum_{t=1}^{T}\left(\frac{\hat{X}-\overline{X}}{\sigma}\right)^4$$

对趋势单产 $\hat{X}$ 序列，先计算 $\hat{X}$ 的平均数$\overline{X}$、标准差 σ，再计算统计量 $(\hat{X}-\overline{X})^2$、$\left(\frac{\hat{X}-\overline{X}}{\sigma}\right)^3$、$\left(\frac{\hat{X}-\overline{X}}{\sigma}\right)^4$ 等，一并列于表 4-8 中。

表 4-8　趋势单产 $\hat{X}$ 分布判断表

年份	$\hat{X}$	$\hat{X}-\overline{X}$	$(\hat{X}-\overline{X})^2$	$\frac{\hat{X}-\overline{X}}{\sigma}$	$\left(\frac{\hat{X}-\overline{X}}{\sigma}\right)^3$	$\left(\frac{\hat{X}-\overline{X}}{\sigma}\right)^4$
	(1)	(2)	(3)	(4)	(5)	(6)
1989	5765.5280	−312.01	97352.49	−1.1979	−1.7192	2.0596
1990	6623.0432	545.50	297571.97	2.0944	9.1879	19.2438
1991	6739.7198	662.17	438479.94	2.5424	16.4344	41.7836
1992	5980.2619	−97.27	9463.34	−0.3735	−0.0521	0.0194
1993	5404.8596	−672.68	452501.10	−2.5827	−17.2289	44.4985
1994	5794.6372	−282.90	80034.91	−1.0862	−1.2815	1.3920
1995	6308.2062	230.66	53206.14	0.8856	0.6946	0.6152
1996	6534.4404	456.89	208756.49	1.7542	5.3987	9.4708
1997	5937.4522	−140.08	19625.04	−0.5378	−0.1556	0.0837
1998	5574.5283	−503.01	253022.40	−1.9313	−7.2039	13.9131
1999	6212.3369	134.79	18169.76	0.5175	0.1386	0.0717
2000	6250.7552	173.21	30002.94	0.6650	0.2941	0.1956
2001	6096.3704	18.82	354.52	0.0722	0.0004	0.0000
2002	5944.5372	−133.00	17690.17	−0.5106	−0.1331	0.0680

续表

年份	$\hat{X}$	$\hat{X}-\overline{X}$	$(\hat{X}-\overline{X})^2$	$\frac{\hat{X}-\overline{X}}{\sigma}$	$\left(\frac{\hat{X}-\overline{X}}{\sigma}\right)^3$	$\left(\frac{\hat{X}-\overline{X}}{\sigma}\right)^4$
	(1)	(2)	(3)	(4)	(5)	(6)
2003	6129.4317	51.89	2692.58	0.1992	0.0079	0.0015
2004	6109.2062	31.66	1002.64	0.1215	0.0017	0.0002
2005	6047.6466	−29.89	893.71	−0.1147	−0.0015	0.0000
2006	5991.7585	−85.78	7358.74	−0.3293	−0.0357	0.0117
2007	6035.5583	−41.98	1762.59	−0.1611	−0.0041	0.0007
2008	6146.0155	68.47	4688.67	0.2629	0.0181	0.0047
2009	6165.9889	88.44	7822.92	0.3395	0.0391	0.0132
2010	6057.8482	−19.69	387.83	−0.0756	−0.0004	0.0000
2011	5995.3611	−82.18	6753.63	−0.3155	−0.0314	0.0099
2012	5968.6887	−108.85	11848.95	−0.4179	−0.0730	0.0305
2013	6067.3996	−10.14	102.86	−0.0389	−0.0001	0.0000
2014	6150.3780	72.83	5305.13	0.2796	0.0218	0.0061
2015	6133.9383	56.39	3180.58	0.2165	0.0101	0.0021
2016	6030.4360	−47.10	2218.93	−0.1808	−0.0059	0.0010
2017	6029.9709	−47.57	2262.97	−0.1826	−0.0060	0.0011
2018	6099.9456	22.40	501.93	0.0860	0.0006	0.0000
和	182326.2486	0.0000	2035016.01	0.0000	4.3156	133.4990
均值	6077.5416	—	—	—	—	—

同时，在计算趋势单产的基础上，作出趋势单产 $\hat{X}$ 的分布判断图，如图 4-3 所示。

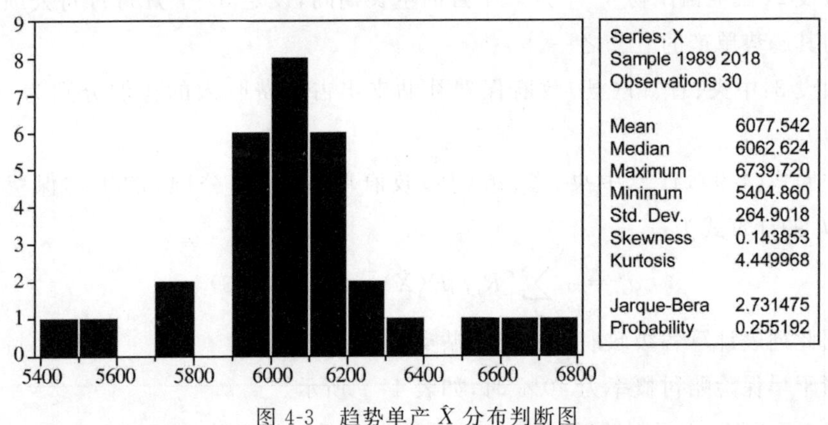

图 4-3　趋势单产 $\hat{X}$ 分布判断图

$$\overline{X}=\frac{\sum \hat{X}}{T}=\frac{182326.2486}{30}=6077.5416\text{（公斤 / 公顷）}$$

$$s=\sqrt{\frac{\sum_{t=1}^{T}(\hat{X}-\overline{X})^2}{T-1}}=\sqrt{\frac{2035016.0070}{30-1}}=264.9018\text{（公斤 / 公顷）}$$

$$\sigma=\sqrt{\frac{\sum_{t=1}^{T}(\hat{X}-\overline{X})^2}{T}}=\sqrt{\frac{2035016.0070}{30}}=260.4494\text{（公斤 / 公顷）}$$

$$S=\frac{1}{T}\sum_{t=1}^{T}\left(\frac{\hat{X}-\overline{X}}{\sigma}\right)^3=\frac{4.3156}{30}=0.1439$$

$$K=\frac{1}{T}\sum_{t=1}^{T}\left(\frac{\hat{X}-\overline{X}}{\sigma}\right)^4=\frac{133.4990}{30}=4.4500$$

代入式(4 - 14)，得 $JB=2.7315$。查自由度为 2 的 χ^2 分布表，得出与 $JB=2.7315$ 相应的 P 值为 0.2552。$P>5\%$，接受原假设，认为趋势单产 $\hat{X}$ 服从正态分布。

对于正态分布，$E(\hat{X})=\overline{X}$，所以有 $E(\hat{X})=6077.5416$（公斤 / 公顷）。

2. 计算各级政府补贴支出

为计算各级政府的保费补贴支出，现提出如下假设：

假设 1：早稻作物干旱天气指数保险的保额为其趋势单产 $\hat{X}$。趋势单产就是没有遭受灾害时的正常单产，这就是说，农民规避干旱风险，旨在达到正常年份的正常收入水平。

假设 2：在早稻作物 3—7 月 5 个月的生长期间，设定 3—7 月每月每公顷的保额均为其趋势单产的五分之一。

假设 3：中央、省、市（县）政府保费补贴支出占保费收入的比例分别为 40%、25%、10%。

按照式(4-9)，计算中央、省、市（县）政府单位面积（公顷）的年均保费补贴(d_i)，d_i 的计算式为：

$$d_i=\alpha_i\sum_j[R_jf_jE(\hat{X})],(i=1,2,3)$$

据此列表计算各级政府的保费补贴支出。

当干旱保险赔付概率为 40% 时，如表 4 - 9 所示。

以 3 月为例：干旱保险赔付概率为 40% 时，3 月干旱保险的保额为 $f_3\hat{X}=\hat{X}/5$，

年均保额为 $f_3E(\hat{X}) = E(\hat{X})/5$。3 月干旱保险的费率为 $R_3 = 1.1305\%$，则单位面积保费收入的期望 = 费率 × 年均保额 = $R_jf_jE(\hat{X}) = R_jf_jE(\hat{X}) = R_3E(\hat{X})/5 = 1.1305\% \times 6077.5416 \times 0.2 = 13.7413$（公斤 / 公顷）。当中央、省、市（县）政府的保费补贴占保费收入的比例取 $\alpha_1 = 40\%$、$\alpha_2 = 25\%$、$\alpha_3 = 10\%$ 时，则中央、省、市（县）政府单位面积的年均保费补贴分别为 $\alpha_1R_3f_3E(\hat{X})$、$\alpha_2R_3f_3E(\hat{X})$、$a_3R_3f_3E(\hat{X})$，即 5.4965 公斤 / 公顷、3.4353 公斤 / 公顷、1.3741 公斤 / 公顷。

同样，可以求得其他月份在赔付概率为 40% 情况下中央、省、市（县）政府单位面积政府保费补贴支出的期望值，一并列于表 4-9 中。

表 4-9　政府保费补贴支出测算表

（干旱保险赔付概率为 40%时）

月份	各月权重	各月年均保额（公斤/公顷）	各月费率（%）	各月保费收入期望（公斤/公顷）
j	f_j	$f_jE(\hat{X})$	R_j	$R_jf_jE(\hat{X})$
3 月	0.2	1215.5083	1.1305	13.7413
4 月	0.2	1215.5083	0.4721	5.7384
5 月	0.2	1215.5083	0.0628	0.7633
6 月	0.2	1215.5083	0.3939	4.7878
7 月	0.2	1215.5083	0.5290	6.4300
和	1.0	6077.5416		31.4610

月份	各月保费收入期望	保费补贴支出		
		中央政府	省政府	市(县)政府
	（公斤/公顷）	（公斤/公顷）	（公斤/公顷）	（公斤/公顷）
j	$R_jf_jE(\hat{X})$	$\alpha_1R_jf_jE(\hat{X})$ ($\alpha_1=40\%$)	$\alpha_2R_jf_jE(\hat{X})$ ($\alpha_2=25\%$)	$a_3R_jf_jE(\hat{X})$ ($\alpha_3=10\%$)
3 月	13.7413	5.4965	3.4353	1.3741
4 月	5.7384	2.2953	1.4346	0.5738
5 月	0.7633	0.3053	0.1908	0.0763
6 月	4.7878	1.9151	1.1969	0.4787
7 月	6.4300	2.5720	1.6075	0.6430
和	31.4610	12.5844	7.8652	3.1461

表 4-9 表明，对长沙县早稻作物干旱保险而言，在干旱保险赔付概率为 40%的情况下，中央、省、市(县)政府单位面积的年均政府保费补贴支出分别为 12.5844 公斤/公顷、7.8652 公斤/公顷、3.1461 公斤/公顷。如果按照早稻作物平均价格为 140 元/50 公斤进行换算，中央、省、市(县)政府单位面积的年均政府保费补贴支出分别为 2.35 元/亩、1.47 元/亩、0.59 元/亩。

当干旱保险赔付概率为 60%时，如表 4-10 所示。

表 4-10　政府保费补贴支出测算表

(干旱保险赔付概率为 60%时)

月份	各月权重	各月年均保额(公斤/公顷)	各月费率(%)	各月保费收入期望(公斤/公顷)
j	f_j	$f_jE(\hat{X})$	R_j	$R_jf_jE(\hat{X})$
3 月	0.2	1215.5083	2.3225	28.2301
4 月	0.2	1215.5083	1.2313	14.9665
5 月	0.2	1215.5083	0.7247	8.8087
6 月	0.2	1215.5083	1.0453	12.7057
7 月	0.2	1215.5083	1.0451	12.7032
和	1.0	6077.5416	—	77.4145

月份	各月保费收入期望	保费补贴支出		
		中央政府	省政府	市(县)政府
	(公斤/公顷)	(公斤/公顷)	(公斤/公顷)	(公斤/公顷)
j	$R_jf_jE(\hat{X})$	$\alpha_1R_jf_jE(\hat{X})$ ($\alpha_1=40\%$)	$\alpha_2R_jf_jE(\hat{X})$ ($\alpha_2=25\%$)	$\alpha_3R_jf_jE(\hat{X})$ ($\alpha_3=10\%$)
3 月	28.2301	11.2920	7.0575	2.8230
4 月	14.9665	5.9866	3.7416	1.4966
5 月	8.8087	3.5235	2.2021	0.8808
6 月	12.7057	5.0822	3.1764	1.2705
7 月	12.7032	5.0813	3.1758	1.2703
和	77.4145	30.9658	19.3536	7.7414

以 3 月为例：

干旱保险赔付概率为 60%时，3 月干旱保险的保额为 $f_3\hat{X} = \hat{X}/5$，年均保额为 $f_3E(\hat{X}) = E(\hat{X})/5$。3 月份干旱保险的费率为 $R_3 = 2.3225\%$，则单位面积（公顷）保费收入数学期望值 = 费率 × 年均保额 = $R_j f_j E(\hat{X}) = R_3 f_3 E(\hat{X}) = R_3 E(\hat{X})/5 = 2.3225\% \times 6077.5416 \times 0.2 = 28.2301$（公斤/公顷）。则中央、省、市（县）政府单位面积的年均保费补贴分别为 $\alpha_1 R_3 f_3 E(\hat{X})$、$\alpha_2 R_3 f_3 E(\hat{X})$、$a_3 R_3 f_3 E(\hat{X})$，即 11.2920 公斤/公顷、7.0575 公斤/公顷、2.8230 公斤/公顷。

同样，可以求得其他月份在赔付概率为 60%情况下中央、省、市（县）政府单位面积政府保费补贴支出的期望值，一并列于表 4-10 中。

表 4-10 表明，对长沙县早稻作物干旱保险而言，在干旱保险赔付概率为 60%的情况下，中央、省、市（县）政府单位面积的年均政府保费补贴支出分别为 30.9658 公斤/公顷、19.3536 公斤/公顷、7.7414 公斤/公顷。如果按照早稻作物平均价格为 140 元/50 公斤进行换算，中央、省、市（县）政府单位面积的年均政府保费补贴支出分别为 5.78 元/亩、3.61 元/亩、1.44 元/亩。

（八）实证结论分析

长沙县早稻作物干旱天气指数保险的政府保费补贴支出的实证结果如表 4-11 所示。

表 4-11　长沙县早稻干旱保险的政府补贴支出

月份	保费补贴支出（公斤/公顷）					
	干旱保险赔付概率为 40%			干旱保险赔付概率为 60%		
	中央政府	省政府	市（县）政府	中央政府	省政府	市（县）政府
3 月	5.4965	3.4353	1.3741	11.2920	7.0575	2.8230
4 月	2.2953	1.4346	0.5738	5.9866	3.7416	1.4966
5 月	0.3053	0.1908	0.0763	3.5235	2.2021	0.8808
6 月	1.9151	1.1969	0.4787	5.0822	3.1764	1.2705
7 月	2.5720	1.6075	0.6430	5.0813	3.1758	1.2703
和（公斤/公顷）	12.5844	7.8652	3.1461	30.9658	19.3536	7.7414
和（元/亩）	2.35	1.47	0.59	5.78	3.61	1.44

分析实证结论可以看出：

(1) 从干旱保险单位面积的政府年均保费补贴来分析。如果中央、省、市(县)政府财政补贴占保费的比例按40%、25%、10%来计算，当赔付概率为40%时，中央、省、市(县)政府每亩年均补贴分别为2.35元、1.47元、0.59元；当赔付概率为60%时，中央、省、市(县)政府每亩年均补贴分别为5.78元、3.61元、1.44元。当赔付概率变化时，每亩年均保费补贴也会随之发生变化。

(2) 从干旱保险政府年均保费补贴总额来分析。如果长沙县早稻作物投保面积为50万亩，当赔付概率为40%时，中央、省、市(县)政府年均财政保费补贴总额分别为117.5万元、73.5万元、29.5万元；当赔付概率为60%时，中央、省、市(县)政府年均财政保费补贴总额分别为289万元、180.5万元、72万元。当赔付概率变化时，年均保费补贴总额也会随之发生变化。

(3) 从市(县)政府保费补贴的支付能力来分析。长沙县2018年实现地区生产总值1509.3亿元，全年实现财政总收入356.4亿元。对于长沙县早稻作物的干旱保险，当保险公司赔付概率为40%时，市(县)政府年均保费补贴总额为29.5万元，约占地区生产总值的0.00019545%，占全年财政总收入的0.00082772%；当保险公司赔付概率为60%时，市(县)政府年均保费补贴总额为72万元，约占地区生产总值的0.00047704%，占全年财政总收入的0.0020202%。

(4) 干旱保险赔付概率越大，政府保费补贴就越多。当干旱保险赔付概率为60%时，中央、省、市(县)政府单位面积的年均政府保费补贴分别为5.78元/亩、3.61元/亩、1.44元/亩。当干旱保险赔付概率降为40%时，中央、省、市(县)政府单位面积的年均政府保费补贴分别下降为2.35元/亩、1.47元/亩、0.59元/亩。这表明，干旱保险赔付概率越大，政府保费补贴越多。

实际降水量低于干旱保险触发值的概率，即为干旱保险的赔付概率。当赔付概率越大时，干旱保险触发值就越高，干旱测度指标值就越大，干旱灾害越严重，因干旱导致的气候减产率也就越大，费率也就越高，所交保费越多，政府的保费补贴支出就越多。

三、结论

测算干旱保险政府保费补贴支出的方法是：首先基于概率分布理论、统计理论与方法，确定干旱保险触发值，并据此设计干旱测度指标，反映干旱灾害的严重程度；再分析气候因素影响粮食作物减产的程度，计算气候减产率；然后借助计量分析方法，构建气候减产率关于干旱测度指标的计量模型；最后估计干旱测度指标的期望，并基于干旱对气候减产率的影响程度，求出气候减产率的期望值，厘定出干旱保险的费率，进而测算政府保费补贴支出。该研究方法的特点在于科学地确定了干旱保险触发值，设计了干旱测度指标，把触发值、赔付概率、保险定价、政府保费补贴支出有机联系在一起，这为探讨天气指数保险的费率厘定、测算相应的政府保费补贴支出提供了新思路。

关于长沙县早稻作物干旱保险的实证研究表明，如果中央、省、市(县)政府财政补贴占保费的比例按 40%、25%、10%来计算，那么，当赔付概率为 40%时，中央、省、市(县)政府每亩年均补贴分别为 2.35 元、1.47 元、0.59 元；若长沙县投保面积为 50 万亩，中央、省、市(县)政府年均财政保费补贴总额分别为 117.5 万元、73.5 万元、29.5 万元；市(县)政府保费补贴支出为 29.5 万元，约占地区生产总值的 0.00019545%，占全年财政总收入的 0.00082772%；当赔付概率为 60%时，中央、省、市(县)政府每亩年均补贴分别为 5.78 元、3.61 元、1.44 元；若长沙县投保面积为 50 万亩，中央、省、市(县)政府年均财政保费补贴总额分别为 289 万元、180.5 万元、72 万元；市(县)政府保费补贴支出为 72 万元，约占地区生产总值的 0.00047704%，占全年财政总收入的 0.0020202%；干旱保险赔付概率越大，政府保费补贴就越多。

第二节　低温保险政府支出的测算

低温对粮食作物生长的影响十分明显。出穗开花期处于低温，灌浆受阻，影响水稻的产量和品质；在成熟期遇到冷害，导致延迟成熟，产生大量的青米，降低成熟度和千粒重，影响出米率；从幼穗形成期到抽穗开花期，特别是减数分裂期，遇到短时间的异常低温，使花期的分化受到破坏，花粉败育，造成空壳，在抽穗开花期遇到低温时颖花不开，花药不开裂，花粉不发芽，造成不结实，产量大大下降。所以，开展粮食作物的低温天气指数保险是十分必要的。

一、研究方法

测算低温天气指数保险政府保费补贴支出的研究方法如下：

首先分析天气因素导致单产降低的程度，计算气候减产率；再设计低温测度指标，测算低温的严重程度；然后确定气候减产率与低温测度指标之间的定量关系，估计低温测度指标的期望值，进而厘定低温天气指数保险的费率，测算相应的政府保费补贴支出。

(一)低温测度指标

低温测度指标是测定低温灾害严重程度的指标。假定气温以月为统计口径，计算月平均气温。对于某一地区，以 QW_j 表示第 j 月的实际平均气温。根据第 n 年第 j 月的实际平均气温序列 QW_j，可以建立时间序列模型，据此求得相应的气温预测值$Q\hat{W}_j$，模型估计的标准误差为 S_j。设低温保险触发值即低温保险临界值为 DW_{0j}，即当某年第 j 月的实际平均气温 $QW_j \leqslant DW_{0j}$ 时，视为低温灾害发生。

由于统计量$\frac{QW_j - Q\hat{W}_j}{S_j}$服从 t 分布，所以，当 $n > 30$ 时，近似地有$\frac{QW_j - Q\hat{W}_j}{S_j} \sim N(0,1)$。据此可得：

$$P(Q\hat{W}_j - z_{\frac{\alpha}{2}} S_j \leqslant QW_j \leqslant Q\hat{W}_j + z_{\frac{\alpha}{2}} S_j) \approx 1 - \alpha \tag{4-15}$$

由式(4-15)可得，$P(QW_j \leqslant Q\hat{W}_j - z_{\frac{\alpha}{2}} S_j) \approx \frac{\alpha}{2}$，则低温天气指数保险的低温保险触发值 $DW_{0j}^{A} = Q\hat{W}_j - z_{\frac{\alpha}{2}} S_j$，$\frac{\alpha}{2}$ 为保险公司因低温而赔付的概率。

当实际月平均气温 QW_j 小于低温保险触发值DW_{0j}^{A} 时，意味着该年 j 月发生了低温灾害，低温测度指标为 $DW_{0j}^{A} - QW_j$；当实际月平均气温 QW_j 大于或等于低温保险触发值 DW_{0j}^{A} 时，意味着该年 j 月没有发生低温灾害，低温测度指标取 0。于是，低温测度指标 DW_j^{A} 可定义为：

$$DW_j^{A} = \max\{Q\hat{W}_j - z_{\frac{\alpha}{2}} S_j - QW_j, 0\} \tag{4-16}$$

同样，由式(4-15)还可得，$P(QW_j \leqslant Q\hat{W}_j + z_{\frac{\alpha}{2}} S_j) \approx 1 - \frac{\alpha}{2}$，这时，低温保险触发值 $DW_{0j}^{B} = Q\hat{W}_j + z_{\frac{\alpha}{2}} S_j$，$1 - \frac{\alpha}{2}$ 为保险公司因低温而赔付的概率。

低温测度指标 DW_j^{B} 可定义为：

$$DW_j^{B} = \max\{Q\hat{W}_j + z_{\frac{\alpha}{2}} S_j - QW_j, 0\} \tag{4-17}$$

按式(4-16)、式(4-17)计算的低温测度指标，反映了低温灾害的严重程度。低温测度指标值越大，低温灾害越严重；低温测度指标值越小，低温灾害越轻微；低温测度指标值为 0，则当年没有遭受低温灾害。

（二）低温天气指数保险的费率厘定

首先确定气候减产率与低温测度指标之间的定量关系。利用计量经济理论与方法，根据样本数据可以确立它们之间的定量关系。现假定其定量关系为：

$$\hat{Y} = f_1(DW_j^A) \tag{4-18}$$

$$\hat{Y} = f_2(DW_j^B) \tag{4-19}$$

粮食作物保险属于财产保险，其纯费率厘定与财产保险的纯费率厘定在思路上是一致的，即粮食作物天气指数保险的纯费率就是粮食作物气候减产率的期望值。据此思路，可以计算低温天气指数保险的纯费率。

于是，j 月低温天气指数保险纯费率 R_{DWj} 为：

当低温保险的赔付概率$\left(\frac{\alpha}{2}\right)$小于或等于 50% 时，

$$R_{DWj}^A = E[f_1(DW_j^A)] \tag{4-20}$$

当低温保险的赔付概率$\left(1-\frac{\alpha}{2}\right)$大于或等于 50% 时，

$$R_{DWj}^B = E[f_2(DW_j^B)] \tag{4-21}$$

在上述计算低温天气指数保险纯费率的基础上，再考虑保险人财务经营的安全性，经营该保险业务的各种营业费用、管理费用、利润因素等，从而得到保险费率，即 j 月低温天气指数保险的费率 R_j = 低温天气指数保险纯费率 R_{DWj} ×（1 + 安全系数）×（1 + 营业费用系数）×（1 + 利润率）。

（三）政府保费补贴支出的测算

假定保额为单产趋势值 $\hat{X}$。对于粮食作物生长的各个月份，j 月的气温对粮食作物生长的相对重要性为 f_j，$\sum f_j = 1$，则 j 月的保额为 $f_j\hat{X}$。

先计算粮食作物生长 j 月的政府年均保费补贴支出。保险公司 j 月的单位面积保费收入 = 费率 × 保额 = $R_j f_j \hat{X}$。设中央政府、省政府、市县级政府分别承担的保费比例为 $\alpha_i(i = 1,2,3)$，则中央、省、市县单位面积承担的保费为 $\alpha_i R_j f_j \hat{X}$。根据多年的资料，进而求得中央、省、市县 j 月承担的单位面积年均保费 $d_{i(j)}$ $(i = 1,2,3,$ $j = 3,4,5,6,7)$ 为：

$$d_{i(j)} = E(\alpha_i R_j f_j \hat{X}) = \alpha_i R_j f_j E(\hat{X}) \qquad (4-22)$$

如果承保面积为S,粮食作物价格为P,则对于j月,中央、省、市(县)政府年均需要积累的保费补贴支出$D_{i(j)}$为:

$$D_{i(j)} = P \cdot S \cdot E(\alpha_i R_j f_j \hat{X}) = P \cdot S \cdot \alpha_i R_j f_j E(\hat{X}) \qquad (4-23)$$

再计算粮食作物整个生长期的政府年均保费补贴支出。整个生长期的政府年均保费补贴支出$D_i(i = 1,2,3)$为粮食作物生长的各个月份政府年均保费补贴支出之和,即

$$D_i = \sum_j (P \cdot S \cdot E(\alpha_i R_j f_j \hat{X})) = \sum_j (P \cdot S \cdot \alpha_i R_j f_j E(\hat{X})) \qquad (4-24)$$

二、实证研究

本部分仍然选择湖南省长沙县早稻作物进行实证研究,旨在测算其低温天气指数保险的政府保费补贴支出。

(一)数据来源

长沙县早稻作物的生长时间为3—7月,3月播种,7月收割。搜集数据的时间区段为1987—2018年。

1987—2018年各年长沙县早稻单产的数据,来源于相应年份的《长沙统计年鉴》,单位是公斤/公顷,数据如附表2所示。

气温数据以月作为统计口径,以月平均气温来表示,1987—2018年3—7月的月平均气温数据来源于中国气象局国家气象信息中心气象资料室,单位是℃,数据如附表4所示。现将附表4的数据绘成如图4-4所示。

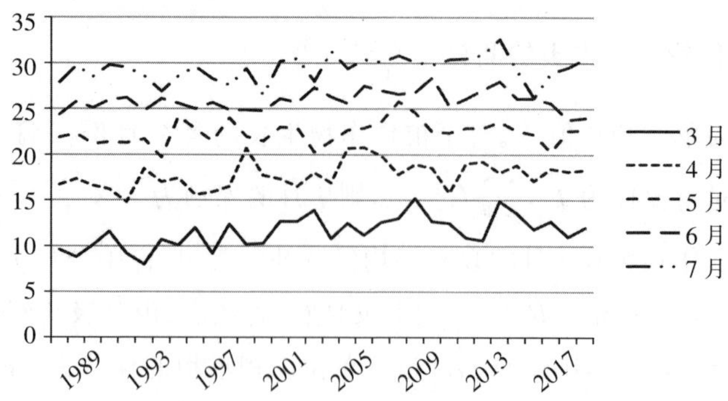

图4-4 长沙县1987—2018年3—7月月均气温图 (单位:℃)

对 1987—2018 年长沙县早稻单产 X、3－7 月平均气温 QW_j（$j=3,4,5,6,7$）的数据进行统计描述，如表 4-12 所示。

表 4-12 1987—2018 年长沙县早稻单产、月平均气温的统计描述

变量	变量名称	平均值	标准差系数	最小值	最大值
X	早稻单产	6081.37	0.07	4666(1998)	6829(1996)
QW_3	3 月平均气温	11.54	0.15	8.0(1992)	15.2(2008)
QW_4	4 月平均气温	17.77	0.08	14.8(1991)	20.8(2005)
QW_5	5 月平均气温	22.42	0.06	19.7(1993)	25.8(2007)
QW_6	6 月平均气温	25.89	0.04	23.8(2017)	28.4(2009)
QW_7	7 月平均气温	29.38	0.05	26.2(2015)	32.6(2013)

表注：括号内为年份数。

从表 4-12 看，单产最低的年份是 1998 年，只有 4666 公斤/公顷。单产最高的年份为 1996 年，达到 6829 公斤/公顷。32 年间，平均单产为 6081 公斤/公顷，单产的年平均增长速度仅为 0.0366％。

3—7 月份，各月的平均气温逐月上升，从 3 月的平均气温 11.54 ℃上升到 7 月的 29.38 ℃；3 月的气温标准差系数最大，为 0.15，反映 3 月气温在各年间变化幅度最大；6 月的标准差系数最小，为 0.04，反映 6 月气温在各年间的差异程度最小。

3—7 月的每月平均气温都可以作为保险标的，因此本部分将厘定 3－7 月每月份低温保险的费率，并测算相应的政府保费补贴支出。

(二)平稳性检验

由于早稻单产 X、3－7 月的月平均气温 QW_j（$j=3,4,5,6,7$）都是时间序列，所以，先对它们分别进行平稳性检验。检验方法是 ADF 检验法和 PP 检验法。原假设都是存在单位根，即序列是非平稳的。这些变量的检验结果列于表 4-13 中。

表 4-13　单产、月平均气温的平稳性检验

变量	ADF 检验			结论
	检验类型	统计量	P 值	
X	$(C,0,1)$	−5.6837	0.0000	平稳
QW_3	$(C,T,1)$	−4.9030	0.0022	平稳
QW_4	$(C,0,1)$	−4.0142	0.0042	平稳
QW_5	$(C,0,1)$	−4.1459	0.0030	平稳
QW_6	$(C,0,1)$	−3.4217	0.0178	平稳
QW_7	$(C,0,1)$	−4.4835	0.0012	平稳
变量	PP 检验			结论
	检验类型	统计量	P 值	
X	$(C,0,1)$	−5.7677	0.0000	平稳
QW_3	$(C,T,1)$	−4.8521	0.0025	平稳
QW_4	$(C,T,1)$	−4.5010	0.0060	平稳
QW_5	$(C,0,1)$	−4.1181	0.0032	平稳
QW_6	$(C,0,1)$	−3.4875	0.0152	平稳
QW_7	$(C,0,1)$	−4.4832	0.0012	平稳

注：(C,T,L)中，C 表示截距项，T 表示趋势项，L 表示滞后项；0 表示没有 C 或 T；滞后阶数 L 依 SIC 准则确定。

检验结果的表 4-13 表明，无论是 ADF 检验还是 PP 检验，在 5%的显著性水平上均拒绝存在单位根的原假设，表明单产 X、月平均气温变量 $QW_j(j=3,4,5,6,7)$都是平稳的，可以对它们建立 ARMA 模型进行分析。

(三)低温测度指标的测算

对于 3－7 月的月均气温指标 QW_3、QW_4、QW_5、QW_6、QW_7，采用 EViews 软件分别建立 ARMA 模型列于表 4-14 的第(1)列。写出这些模型对应的特征方程，特征方程的特征根列于第(2)列中。再对 ARMA 模型的残差项是否为白噪声进行检验，采用 Ljung-Box-Q 统计量，其最大滞后期取$[n/4]=7$，残差检验结果列于第(3)列中。

表 4-14　3—7 月的月均气温的 ARMA 模型及其残差项检验

月份	ARMA 模型	特征根	残差序列检验
	(1)	(2)	(3)
3 月	$QW_{3t}=11.66 + 0.37AR(1) + v_t$ (25.36)　(2.20) $AIC=3.85, DW=2.19$ $F=4.82$,对应的 $P=0.03$	0.37	$Q_{(7)}=7.05$ $P=0.45$
4 月	$QW_{4t}=17.83 + 0.29AR(1) + v_t$ (47.63)　(2.66) $AIC=3.67, DW=2.05$ $F=2.75$,对应的 $P=0.09$	0.29	$Q_{(7)}=8.78$ $P=0.55$
5 月	$QW_{5t}=22.44 + 0.26AR(1) + v_t$ (73.31)　(4.43) $AIC=3.37, DW=1.99$ $F=3.07$,对应的 $P=0.08$	0.26	$Q_{(7)}=10.34$ $P=0.33$
6 月	$QW_{6t}=25.94 + 0.40AR(1) + v_t$ (86.34)　(2.32) $AIC=2.89, DW=2.01$ $F=5.38$,对应的 $P=0.02$	0.40	$Q_{(7)}=9.99$ $P=0.35$
7 月	$QW_{7t}=29.45 + 0.19AR(1) + v_t$ (94.32)　(4.04) $AIC=3.58, DW=1.95$ $F=3.09$,对应的 $P=0.07$	0.19	$Q_{(7)}=3.33$ $P=0.87$

表 4-14 中,先分析 ARMA 模型的平稳性。3—7 月的 5 个 ARMA 模型相应的特征方程的特征根分别为 0.37、0.29、0.26、0.40 和 0.19,它们的模都小于 1,满足平稳性要求。

再分析各 ARMA 模型的残差序列。从第(3)列中各个 Q 统计量相应的 P 值看,P 值都远大于显著性水平 1%,说明所有 Q 值都小于检验水平为 1% 的 χ^2 分布临界值(位于临界值左侧),故接受原假设 H_0,即模型的残差项序列为白噪声序列。

表 4-14 中，平稳性检验和残差项检验表明，所建立的 5 个 ARMA 模型都是平稳的，而且模型的残差序列都是白噪声序列，所以，这些 ARMA 模型都可以用于预测。

基于表 4-14 建立的 ARMA 模型，选用静态预测法，即以指标的真实值来进行预测，可以得到历年 3－7 月的月均气温预测值序列 $Q\hat{W}_3$、$Q\hat{W}_4$、$Q\hat{W}_5$、$Q\hat{W}_6$、$Q\hat{W}_7$ 以及预测标准误差序列 S_3、S_4、S_5、S_6、S_7，如表 4-15 中的第(1)、(2)、(3) 列所示。

当低温保险赔付的概率取 40% 时，即 $\frac{\alpha}{2}=40\%$，查表得 $z_{\frac{\alpha}{2}}=0.255$，此时的低温保险触发值为 $Q\hat{W}_j-z_{\frac{\alpha}{2}}S_j=Q\hat{W}_j-0.255S_j$，$j=3,4,5,6,7$，列于表 4-15 中的第(4) 列。

低温保险赔付概率 $\frac{\alpha}{2}=40\%<50\%$，根据式(4-16)，计算该赔付概率时的低温测度指标 $DW_j^A=\max\{Q\hat{W}_j-z_{\frac{\alpha}{2}}S_j-QW_j,0\}=\max\{Q\hat{W}_j-0.255S_j-QW_j,0\}$，$j=3,4,5,6,7$，如表 4-15 的第(5) 列。

当低温保险赔付的概率取 60% 时，即 $1-\frac{\alpha}{2}=60\%$，同样 $z_{\frac{\alpha}{2}}=0.255$，此时的低温保险触发值为 $Q\hat{W}_j+z_{\frac{\alpha}{2}}S_j=Q\hat{W}_j+0.255S_j$，$j=3,4,5,6,7$，列于表 4-15 中的第(6) 列。

低温保险赔付概率 $1-\frac{\alpha}{2}=60\%>50\%$，根据式(4-17) 计算该赔付概率时的低温测度指标 $DW_j^B=\max\{Q\hat{W}_j+z_{\frac{\alpha}{2}}S_j-QW_j,0\}=\max\{Q\hat{W}_j+0.255S_j-QW_j,0\}$，$j=3,4,5,6,7$，如表 4-15 的第(7) 列。

表 4-15　触发值和低温测度指标计算表

年份	3月份						
	QW_3	$Q\hat{W}_3$	S_3	干旱保险赔付概率			
				40%		60%	
				触发值	低温测度指标	触发值	低温测度指标
				$Q\hat{W}_3-0.255S_3$	DW_3^A	$Q\hat{W}_3+0.255S_3$	DW_3^B
	(1)	(2)	(3)	(4)	(5)	(6)	(7)
1987	9.6	—	—	—	—	—	—
1988	8.8	10.894	1.6660	10.4698	1.6698	11.3195	2.5195
1989	10.1	10.598	1.6974	10.1658	0.0658	11.0315	0.9315

续表

年份	3月份						
	QW_3	$Q\hat{W}_3$	S_3	干旱保险赔付概率			
				40%		60%	
				触发值	低温测度指标	触发值	低温测度指标
				$Q\hat{W}_3-0.255S_3$	DW_3^A	$Q\hat{W}_3+0.255S_3$	DW_3^B
	(1)	(2)	(3)	(4)	(5)	(6)	(7)
1990	11.6	11.079	1.6516	10.6585	0.0000	11.5008	0.0000
1991	9.2	11.634	1.6339	11.2180	2.0180	12.0514	2.8514
1992	8.0	10.746	1.6804	10.3181	2.3181	11.1752	3.1752
1993	10.7	10.302	1.7388	9.8593	0.0000	10.7461	0.0461
1994	10.1	11.301	1.6399	10.8835	0.7835	11.7199	1.6199
1995	12.0	11.079	1.6516	10.6585	0.0000	11.5008	0.0000
1996	9.2	11.782	1.6358	11.3656	2.1656	12.1998	2.9998
1997	12.4	10.746	1.6804	10.3181	0.0000	11.1752	0.0000
1998	10.2	11.930	1.6404	11.5124	1.3124	12.3490	2.1490
1999	10.3	11.116	1.6492	10.6961	0.3961	11.5372	1.2372
2000	12.7	11.153	1.6470	10.7337	0.0000	11.5737	0.0000
2001	12.7	12.041	1.64572	11.6220	0.0000	12.4614	0.0000
2002	13.9	12.041	1.6457	11.6220	0.0000	12.4614	0.0000
2003	10.8	12.485	1.6818	12.0568	1.2568	12.9146	2.1146
2004	12.5	11.338	1.6385	10.9208	0.0000	11.7565	0.0000
2005	11.2	11.967	1.6420	11.54903	0.3490	12.3864	1.1864
2006	12.6	11.486	1.6348	11.0698	0.0000	11.9036	0.0000
2007	13.0	12.004	1.6437	11.5855	0.0000	12.4239	0.0000
2008	15.2	12.152	1.6525	11.7313	0.0000	12.5741	0.0000
2009	12.7	12.966	1.7467	12.5213	0.0000	13.4122	0.7122
2010	12.5	12.041	1.6457	11.6220	0.0000	12.4614	0.0000
2011	10.9	11.967	1.6420	11.5490	0.6490	12.3864	1.4864
2012	10.6	11.375	1.6373	10.9581	0.35819	11.7932	1.1932
2013	14.9	11.264	1.6414	10.8461	0.0000	11.6833	0.0000
2014	13.6	12.855	1.7295	12.4147	0.0000	13.2968	0.0000
2015	11.8	12.374	1.6706	11.9487	0.14875	12.8007	1.0007
2016	12.7	11.708	1.6345	11.2919	0.0000	12.1255	0.0000
2017	11.0	12.041	1.6457	11.6220	0.6220	12.4614	1.4614
2018	12.0	11.412	1.6363	10.9954	0.0000	11.8300	0.0000

续表

年份	4月份						
	QW_4	$Q\hat{W}_4$	S_4	干旱保险赔付概率			
				40%		60%	
				触发值	低温测度指标	触发值	低温测度指标
				$Q\hat{W}_4-0.255S_4$	DW_4^A	$Q\hat{W}_4+0.255S_4$	DW_4^B
	(1)	(2)	(3)	(4)	(5)	(6)	(7)
1987	16.7	—	—	—	—	—	—
1988	17.3	17.501	1.5086	17.1163	0.0000	17.8856	0.5856
1989	16.6	17.676	1.4992	17.2940	0.6940	18.0586	1.4586
1990	16.2	17.472	1.5109	17.0865	0.8865	17.8570	1.6570
1991	14.8	17.355	1.5220	16.9667	2.1667	17.7430	2.9430
1992	18.4	16.946	1.5853	16.5415	0.0000	17.3500	0.0000
1993	17.0	17.998	1.5012	17.6149	0.6149	18.3805	1.3805
1994	17.4	17.589	1.5029	17.2054	0.0000	17.9719	0.5719
1995	15.6	17.706	1.4983	17.3234	1.7234	18.0876	2.4876
1996	15.9	17.18	1.5446	16.7856	0.8856	17.5734	1.6734
1997	16.5	17.267	1.5324	16.8764	0.3764	17.6580	1.1580
1998	20.7	17.443	1.5133	17.0566	0.0000	17.8284	0.0000
1999	17.7	18.67	1.5843	18.2658	0.5658	19.0738	1.3738
2000	17.3	17.793	1.4970	17.4114	0.1114	18.1749	0.8749
2001	16.5	17.676	1.4992	17.2940	0.7940	18.0586	1.5586
2002	18.0	17.443	1.5133	17.0566	0.0000	17.8284	0.0000
2003	16.9	17.881	1.4976	17.4989	0.5989	18.2627	1.3627
2004	20.7	17.559	1.5046	17.1757	0.0000	17.9431	0.0000
2005	20.8	18.67	1.5843	18.2658	0.0000	19.0738	0.0000
2006	19.9	18.699	1.5901	18.2936	0.0000	19.1045	0.0000
2007	17.8	18.436	1.5439	18.0424	0.2424	18.8297	1.0297
2008	18.9	17.822	1.4970	17.4407	0.0000	18.2041	0.0000
2009	18.5	18.144	1.5104	17.7587	0.0000	18.5290	0.0290
2010	15.8	18.027	1.5027	17.6438	1.8438	18.4101	2.6101
2011	19.0	17.238	1.5363	16.8462	0.0000	17.6297	0.0000
2012	19.2	18.173	1.5129	17.7873	0.0000	18.5588	0.0000
2013	18.0	18.231	1.5184	17.8443	0.0000	18.6187	0.6187
2014	18.8	17.881	1.4976	17.4989	0.0000	18.2627	0.0000
2015	17.1	18.115	1.5082	17.7300	0.6300	18.4992	1.3992
2016	18.4	17.618	1.5015	17.2350	0.0000	18.0007	0.0000
2017	18.1	17.998	1.5012	17.6149	0.0000	18.3805	0.2605
2018	18.3	17.916	1.4983	17.5338	0.0000	18.2980	0.0000

续表

年份	5月份						
				干旱保险赔付概率			
				40%		60%	
	QW_5	$\hat{QW}_5$	S_5	触发值	低温测度指标	触发值	低温测度指标
				$\hat{QW}_5-0.255S_5$	DW_5^A	$\hat{QW}_5+0.255S_5$	DW_5^B
	(1)	(2)	(3)	(4)	(5)	(6)	(7)
1987	21.9	—	—	—	—	—	—
1988	22.3	22.307	1.2884	21.9780	0.0000	22.6351	0.3351
1989	21.2	22.410	1.2853	22.0819	0.8819	22.7374	1.5374
1990	21.4	22.126	1.3033	21.7938	0.3938	22.4585	1.0585
1991	21.3	22.178	1.2979	21.8467	0.5467	22.5086	1.2086
1992	21.7	22.152	1.3005	21.8203	0.1203	22.4835	0.7835
1993	19.7	22.255	1.2914	21.9257	2.2257	22.5843	2.8843
1994	24.2	21.740	1.3738	21.3892	0.0000	22.0898	0.0000
1995	22.8	22.899	1.3244	22.5616	0.0000	23.2370	0.4370
1996	21.5	22.538	1.2870	22.2103	0.7103	22.8667	1.3667
1997	24.0	22.203	1.2955	21.8731	0.0000	22.5338	0.0000
1998	22.0	22.848	1.3162	22.5121	0.5121	23.1834	1.1834
1999	21.5	22.332	1.2872	22.0040	0.504	22.6605	1.1605
2000	23.0	22.203	1.2955	21.8731	0.0000	22.5338	0.0000
2001	22.9	22.590	1.2894	22.2612	0.0000	22.9188	0.0188
2002	20.3	22.564	1.2881	22.2358	1.9358	22.8927	2.5927
2003	21.5	21.894	1.3396	21.5525	0.0525	22.2358	0.7358
2004	22.7	22.203	1.2955	21.8731	0.0000	22.5338	0.0000
2005	22.9	22.513	1.2862	22.1847	0.0000	22.8407	0.0000
2006	23.6	22.564	1.2881	22.2358	0.0000	22.8927	0.0000
2007	25.8	22.745	1.3026	22.4125	0.0000	23.0768	0.0000
2008	24.6	23.312	1.4210	22.9493	0.0000	23.6740	0.0000
2009	22.5	23.002	1.3435	22.6598	0.1598	23.3450	0.8450
2010	22.4	22.461	1.2852	22.1334	0.0000	22.7889	0.3889
2011	22.9	22.435	1.2851	22.1077	0.0000	22.7631	0.0000
2012	22.9	22.564	1.2881	22.2358	0.0000	22.8927	0.0000
2013	23.6	22.564	1.2881	22.2358	0.0000	22.8927	0.0000
2014	22.6	22.745	1.3026	22.4125	0.0000	23.0768	0.4768
2015	22.2	22.487	1.2856	22.1591	0.0000	22.8147	0.6147
2016	20.3	22.384	1.2857	22.0560	1.7560	22.7117	2.4117
2017	22.6	21.894	1.3396	21.5525	0.0000	22.2358	0.0000
2018	22.7	22.487	1.2856	22.1591	0.0000	22.8147	0.1147

续表

年份	6月份						
	QW_6	$Q\hat{W}_6$	S_6	干旱保险赔付概率			
				40%		60%	
				触发值	低温测度指标	触发值	低温测度指标
				$Q\hat{W}_6-0.255S_6$	DW_6^A	$Q\hat{W}_6+0.255S_6$	DW_6^B
	(1)	(2)	(3)	(4)	(5)	(6)	(7)
1987	24.4	—	—	—	—	—	—
1988	25.8	25.316	1.0481	25.0483	0.0000	25.5828	0.0000
1989	25.1	25.881	1.0127	25.6230	0.5230	26.1395	1.0395
1990	26.0	25.598	1.0233	25.3375	0.0000	25.8594	0.0000
1991	26.2	25.962	1.0124	25.7040	0.0000	26.2203	0.0203
1992	24.8	26.043	1.0132	25.7846	0.9846	26.3013	1.5013
1993	26.1	25.477	1.0322	25.2140	0.0000	25.7404	0.0000
1994	25.6	26.003	1.0126	25.7443	0.1443	26.2607	0.6607
1995	25.0	25.800	1.0143	25.5418	0.5418	26.0591	1.0591
1996	25.7	25.558	1.0260	25.2964	0.0000	25.8196	0.1196
1997	24.9	25.841	1.0133	25.5825	0.6825	26.0993	1.1993
1998	24.9	25.518	1.0290	25.2552	0.3552	25.7800	0.8800
1999	24.8	25.518	1.0290	25.2552	0.4552	25.7800	0.9800
2000	26.1	25.477	1.0322	25.2140	0.0000	25.7404	0.0000
2001	25.7	26.003	1.0126	25.7443	0.0443	26.2607	0.5607
2002	27.3	25.841	1.0133	25.5825	0.0000	26.0993	0.0000
2003	26.3	26.487	1.0390	26.2225	0.0000	26.7524	0.4524
2004	25.6	26.083	1.0141	25.8247	0.2247	26.3419	0.7419
2005	27.5	25.800	1.0143	25.5418	0.0000	26.0591	0.0000
2006	27.0	26.568	1.0473	26.3012	0.0000	26.8353	0.0000
2007	26.6	26.366	1.0285	26.1040	0.0000	26.6285	0.0285
2008	26.8	26.205	1.0185	25.9449	0.0000	26.4643	0.0000
2009	28.4	26.285	1.0229	26.0246	0.0000	26.5462	0.0000
2010	25.3	26.932	1.0980	26.6520	1.3520	27.2120	1.9120
2011	26.1	25.679	1.0188	25.4194	0.0000	25.9390	0.0000
2012	27.1	26.003	1.0126	25.7443	0.0000	26.2607	0.0000
2013	28.0	26.407	1.0317	26.1435	0.0000	26.6697	0.0000
2014	26.1	26.770	1.0730	26.4967	0.3967	27.0439	0.9439
2015	26.1	26.003	1.0126	25.7443	0.0000	26.2607	0.1607
2016	25.6	26.003	1.0126	25.7443	0.1443	26.2607	0.6607
2017	23.8	25.800	1.0143	25.5418	1.7418	26.0591	2.2591
2018	24.0	25.073	1.0798	24.7977	0.7977	25.3484	1.3484

续表

年份	7月份						
	QW_7	$Q\hat{W}_7$	S_7	干旱保险赔付概率			
				40%		60%	
				触发值	低温测度指标	触发值	低温测度指标
				$Q\hat{W}_7-0.255S_7$	DW_7^A	$Q\hat{W}_7+0.255S_7$	DW_7^B
	(1)	(2)	(3)	(4)	(5)	(6)	(7)
1987	27.9	—	—	—	—	—	—
1988	29.7	29.155	1.4516	28.7853	0.0000	29.5256	0.0000
1989	28.5	29.496	1.4293	29.1317	0.6317	29.8607	1.3607
1990	29.8	29.269	1.4360	28.9028	0.0000	29.6352	0.0000
1991	29.5	29.515	1.4302	29.1504	0.0000	29.8799	0.3799
1992	28.6	29.458	1.4281	29.0942	0.4942	29.8225	1.2225
1993	26.9	29.288	1.4342	28.9222	2.0222	29.6537	2.7537
1994	28.6	28.966	1.4947	28.5849	0.0000	29.3472	0.7472
1995	29.6	29.288	1.4342	28.9222	0.0000	29.6537	0.0537
1996	28.3	29.477	1.4286	29.1130	0.8130	29.8416	1.5416
1997	27.6	29.231	1.4403	28.8639	1.2639	29.5984	1.9984
1998	29.4	29.099	1.4623	28.7257	0.0000	29.4715	0.0715
1999	26.5	29.439	1.4279	29.0753	2.5753	29.8035	3.3035
2000	30.2	28.890	1.5177	28.5033	0.0000	29.2773	0.0000
2001	30.5	29.591	1.4362	29.2247	0.0000	29.9571	0.0000
2002	28.0	29.648	1.4431	29.2797	1.2797	30.0157	2.0157
2003	31.3	29.174	1.4484	28.8050	0.0000	29.5437	0.0000
2004	29.4	29.799	1.4710	29.4241	0.0241	30.1743	0.7743
2005	30.4	29.439	1.4279	29.0753	0.0000	29.8035	0.0000
2006	30.1	29.629	1.4406	29.2614	0.0000	29.9961	0.0000
2007	30.8	29.572	1.4344	29.2062	0.0000	29.9377	0.0000
2008	30.1	29.704	1.4519	29.3343	0.0000	30.0747	0.0000
2009	29.8	29.572	1.4344	29.2062	0.0000	29.9377	0.1377
2010	30.4	29.515	1.4302	29.1504	0.0000	29.8799	0.0000
2011	30.5	29.629	1.4406	29.2614	0.0000	29.9961	0.0000
2012	30.9	29.648	1.4431	29.2797	0.0000	30.0157	0.0000
2013	32.6	29.723	1.4553	29.3523	0.0000	30.0945	0.0000
2014	29.2	30.045	1.5444	29.6515	0.4515	30.4391	1.2391
2015	26.2	29.402	1.4281	29.0374	2.8374	29.7657	3.5657
2016	28.9	28.834	1.5369	28.4416	0.0000	29.2254	0.3254
2017	29.5	29.345	1.4301	28.9801	0.0000	29.7094	0.2094
2018	30.5	29.458	1.4281	29.0942	0.0000	29.8225	0.0000

(四)气候减产率与低温测度指标的定量关系

首先分别对气候减产率 Y、低温保险赔付概率为40%时的低温测度指标 DW_j^A ($j=3,4,5,6,7$)、赔付概率为60%时的低温测度指标 DW_j^B ($j=3,4,5,6,7$)进行平稳性检验。采用ADF检验法和PP检验法,检验结果列于表4-16中。

表4-16 气候减产率、低温测度指标的平稳性检验

变量	ADF检验			结论
	检验类型	统计量	P值	
Y	$(C,T,1)$	−5.6028	0.0005	平稳
DW_3^A	$(C,T,1)$	−6.6056	0.0000	平稳
DW_3^B	$(C,T,1)$	−7.3840	0.0000	平稳
DW_4^A	$(C,T,1)$	−6.6041	0.0000	平稳
DW_4^B	$(C,T,1)$	−7.3154	0.0000	平稳
DW_5^A	$(C,0,1)$	−6.3395	0.0000	平稳
DW_5^B	$(C,T,1)$	−5.9919	0.0002	平稳
DW_6^A	$(C,0,1)$	−5.1924	0.0002	平稳
DW_6^B	$(C,0,1)$	−5.3462	0.0001	平稳
DW_7^A	$(C,0,1)$	−5.8409	0.0000	平稳
DW_7^B	$(C,0,1)$	−5.3870	0.0001	平稳
变量	PP检验			结论
	检验类型	统计量	P值	
Y	$(C,T,1)$	−7.9530	0.0000	平稳
DW_3^A	$(C,T,1)$	−11.6400	0.0000	平稳
DW_3^B	$(C,T,1)$	−8.5821	0.0000	平稳
DW_4^A	$(C,T,1)$	−11.9896	0.0000	平稳
DW_4^B	$(C,T,1)$	−10.6490	0.0000	平稳
DW_5^A	$(C,0,1)$	−6.3781	0.0000	平稳
DW_5^B	$(C,T,1)$	−6.0518	0.0001	平稳
DW_6^A	$(C,0,1)$	−5.1924	0.0002	平稳
DW_6^B	$(C,0,1)$	−5.3488	0.0001	平稳
DW_7^A	$(C,0,1)$	−5.8422	0.0000	平稳
DW_7^B	$(C,0,1)$	−5.3863	0.0001	平稳

注:(C,T,L)中,C表示截距项,T表示趋势项,L表示滞后项;0表示没有C或T;滞后阶数L依SIC准则确定。

从表 4-16 看，无论是 ADF 检验还是 PP 检验，结果都表明，气候减产率 Y、低温测度指标 $DW_j^A(j=3,4,5,6,7)$、$DW_j^B(j=3,4,5,6,7)$都是平稳的。

现分别检验气候减产率 Y 与各低温测度值 $DW_j^A(j=3,4,5,6,7)$、$DW_j^B(j=3,4,5,6,7)$之间是否存在协整关系。

先采用 OLS 方法进行协整回归，协整回归方程列于表 4-17 的第(1)列中，协整回归的残差项为 $\hat{u}_t$。再对 $\hat{u}_t$ 进行非平稳性检验，即通过检验 $\hat{u}_t$ 的非平稳性来检验气候减产率 Y 与各低温测度值 $DW_j^A(j=3,4,5,6,7)$、$DW_j^B(j=3,4,5,6,7)$的协整性。利用 $\hat{u}_t$ 检验 u_t 的原假设和备择假设分别是：

$H_0: u_t$ 非平稳(不存在协整关系)；$H_1: u_t$ 平稳(存在协整关系)。

进行 AEG 回归，回归结果列于表 4-17 的第(2)列中。

表 4-17　气候减产率与低温测度指标的协整检验

协整变量	协整回归方程	协整回归方程残差项的非平稳性检验
		AEG 回归
	(1)	(2)
Y 与 DW_3^A	$\hat{Y}_t=0.0265DW_{3t}^A$ (2.69) $F=12.1242$, $DW=2.1462$, $T=30$	$\Delta\hat{u}_t=0.0796-0.0035t-2.1149\hat{u}_{t-1}+0.4059\Delta\hat{u}_{t-1}$ (4.2936)　(−3.7411)　(−6.6355)　(2.2424) $R^2=0.7994$, $DW=2.1899$, $T=28$, $F=31.8839$, $AEG=-6.6355$
Y 与 DW_3^B	$\hat{Y}_t=0.0156DW_{3t}^B$ (2.52) $F=9.6541$, $DW=2.1291$, $T=30$	$\Delta\hat{u}_t=0.0892-0.0043t-2.1444\hat{u}_{t-1}+0.3996\Delta\hat{u}_{t-1}$ (4.6300)　(−4.2997)　(−6.6535)　(2.2206) $R^2=0.8066$, $DW=2.1099$, $T=28$, $F=33.3814$, $AEG=-6.6535$
Y 与 DW_4^A	$\hat{Y}_t=0.0362DW_{4t}^A$ (3.52) $F=9.5632$, $DW=2.1417$, $T=30$	$\Delta\hat{u}_t=0.0886-0.004t-2.39\hat{u}_{t-1}+0.83\Delta\hat{u}_{t-1}+0.33\Delta\hat{u}_{t-2}$ (3.821)　(−3.568)　(−5.139)　(2.451)　(1.725) $R^2=0.7399$, $DW=2.1914$, $T=27$, $F=15.6484$, $AEG=-5.1397$

续表

协整变量	协整回归方程	协整回归方程残差项的非平稳性检验
		AEG 回归
	(1)	(2)
Y 与 DW_4^B	$\hat{Y}_t=0.0200DW_{4t}^B$ (3.15) $F=11.1321$, $DW=2.1392$, $T=30$	$\Delta\hat{u}_t=0.0634 - 0.0032t - 1.8471\hat{u}_{t-1} + 0.3491\Delta\hat{u}_{t-1}$ (3.4654) (−3.2211) (−5.9538) (1.9046) $R^2=0.7225, DW=2.1870, T=28$, $F=20.8389$, $AEG=-5.9538$
Y 与 DW_5^A	$\hat{Y}_t=0.0353DW_{5t}^A$ (3.19) $F=8.7412$, $DW=1.9137$, $T=30$	$\Delta\hat{u}_t=0.0818 - 0.0038t - 1.8336\hat{u}_{t-1} + 0.4138\Delta\hat{u}_{t-1}$ (4.3329) (−3.9352) (−6.3326) (2.4042) $R^2=0.7111, DW=1.8958, T=28$, $F=19.6978$, $AEG=-6.3326$
Y 与 DW_5^B	$\hat{Y}_t=0.0276DW_{5t}^B$ (4.17) $F=12.2121$, $DW=2.1271$, $T=30$	$\Delta\hat{u}_t=0.0670 - 0.0037t - 1.8968\hat{u}_{t-1} + 0.4177\Delta\hat{u}_{t-1}$ (4.0955) (−4.0094) (−6.5083) (2.4498) $R^2=0.7286, DW=1.8994, T=28$, $F=21.4796$, $AEG=-6.5083$
Y 与 DW_6^A	$\hat{Y}_t=0.0250DW_{6t}^A$ (2.52) $F=15.4111$, $DW=1.7981$, $T=30$	$\Delta\hat{u}_t=0.1257 - 0.0058t - 2.0630\hat{u}_{t-1} + 0.4044\Delta\hat{u}_{t-1}$ (5.5666) (−5.3131) (−6.7280) (2.3270) $R^2=0.7814, DW=2.0707, T=28$, $F=28.6041$, $AEG=-6.7280$
Y 与 DW_6^B	$\hat{Y}_t=0.0182DW_{6t}^B$ (2.83) $F=11.1132$, $DW=1.9129$, $T=30$	$\Delta\hat{u}_t=0.1151 - 0.0056t - 2.0198\hat{u}_{t-1} + 0.3661\Delta\hat{u}_{t-1}$ (5.2006) (−5.0352) (−6.4376) (2.0736) $R^2=0.7772, DW=2.0047, T=28$, $F=27.9068$, $AEG=-6.4376$

续表

协整变量	协整回归方程	协整回归方程残差项的非平稳性检验
		AEG 回归
	(1)	(2)
Y 与 DW_7^A	$\hat{Y}_t = 0.0123 DW_{7t}^A$ (3.27) $F = 11.7488$, $DW = 1.8266$, $T = 30$	$\Delta\hat{u}_t = 0.1118 - 0.0049t - 1.9418\hat{u}_{t-1} + 0.3780\Delta\hat{u}_{t-1}$ (4.7842) (−4.3383) (−6.2044) (2.0861) $R^2 = 0.7461, DW = 1.9632, T = 28$, $F = 23.5123$, $AEG = -6.2044$
Y 与 DW_7^B	$\hat{Y}_t = 0.0103 DW_{7t}^B$ (2.53) $F = 12.4115$, $DW = 1.9658$, $T = 30$	$\Delta\hat{u}_t = 0.1059 - 0.0048t - 1.9743\hat{u}_{t-1} + 0.3917\Delta\hat{u}_{t-1}$ (4.7254) (−4.3026) (−6.3347) (2.1823) $R^2 = 0.7537, DW = 1.9654, T = 28$, $F = 24.4880$, $AEG = -6.3347$

注：样本数据时间区段为 1989—2018 年。

低温测度指标值越大，表示低温灾害越严重，实际单产就会下降越多，气候减产率越大。这就是说，气候减产率随低温测度指标成正比例变化。所以，从定性分析来看，表 4-17 中的第(1)列描述的协整回归方程都是合理的。

分析协整回归方程残差项的非平稳性检验结果：当显著性水平为 1%、$T = 28$ 时，根据表 4 - 17 第(1) 列协整回归方程的形式，查协整检验临界值表，计算协整检验临界值 $C_{0.01} = \varphi_\infty + \varphi_1 T^{-1} + \varphi_2 T^{-2} = -3.9001 - 10.534/28 - 30.03/28^2 = -4.3146$；当 $T = 27$ 时，$C_{0.01} = -4.3314$。从表 4 - 17 中第(2) 列 AEG 回归的结果来看，都有 $AEG < C_{0.01}$，都拒绝原假设 H_0，所以，在 1% 的显著性水平上，气候减产率 Y 与各低温测度值 $DW_j^A (j = 3,4,5,6,7)$、$DW_j^B (j = 3,4,5,6,7)$ 之间都存在着协整关系。

(五)低温天气指数保险的费率厘定

1. 估计低温测度指标的期望值

先判断低温测度指标的分布形式。采用 Anderson-Darling 检验法来进行判断。由于非低温年份的低温测度值为 0，对于伽马分布、卡方分布、威布尔分布、帕累托分布等，都不能利用极大似然法有效估计分布参数，所以，这里从正态分布、逻辑斯谛分布、均匀分布、指数分布 4 种分布形式中进行选择。利用 EViews 软件，计算低温测度指标 $DW_j^A(j=3,4,5,6,7)$、$DW_j^B(j=3,4,5,6,7)$这 10 个指标在正态分布、逻辑斯谛分布、均匀分布、指数分布下对应的修正的 Anderson-Darling 值。比较修正的 Anderson-Darling 值的大小。根据修正的 Anderson-Darling 值最小的原则，得出各低温测度值的最优分布。如表 4-18 所示。

表 4-18　低温测度指标的最优分布选择

分布＼指标	修正 Anderson-Darling 值				
	DW_3^A	DW_3^B	DW_4^A	DW_4^B	DW_5^A
	(1)	(2)	(3)	(4)	(5)
正态分布	4.2506	2.6060	3.5973	1.8282	5.3852
逻辑斯谛分布	3.8417	2.4427	3.1510	1.7401	4.6720
均匀分布	1324.660	6623.545	213.1390	5520.206	250.2963
指数分布	6548.913	5097.865	6547.556	3262.083	8181.970
最小的修正 Anderson-Darling 值	3.8417	2.4427	3.1510	1.7401	4.6720
最优分布	逻辑斯谛分布	逻辑斯谛分布	逻辑斯谛分布	逻辑斯谛分布	逻辑斯谛分布
分布＼指标	修正 Anderson-Darling 值				
	DW_5^B	DW_6^A	DW_6^B	DW_7^A	DW_7^B
	(1)	(2)	(3)	(4)	(5)
正态分布	2.2755	3.8328	2.1430	5.7985	3.5628
逻辑斯谛分布	1.8999	3.3774	2.0287	5.3823	3.2115
均匀分布	2455.597	53.2700	1385.916	1225.609	2759.498
指数分布	3262.269	6548.270	3263.726	9997.396	4442.578
最小的修正 Anderson-Darling 值	1.8999	3.3774	2.0287	5.3823	3.2115
最优分布	逻辑斯谛分布	逻辑斯谛分布	逻辑斯谛分布	逻辑斯谛分布	逻辑斯谛分布

表注：样本时间区段为 1988—2018 年。

表 4-18 的结果表明，采用 Anderson-Darling 检验法，对于所有的低温测度指标 $DW_j^A(j=3,4,5,6,7)$、$DW_j^B(j=3,4,5,6,7)$，它们的最优分布都是逻辑斯谛分布。

对于每一个低温测度指标 $DW_j^A(j=3,4,5,6,7)$、$DW_j^B(j=3,4,5,6,7)$，再以最大似然法估计相应最优分布——逻辑斯谛分布的参数值，列于表 4-19 的第(2)列中。其中，μ 表示逻辑斯谛分布的位置参数，s 表示其形状参数。

对于服从逻辑斯谛分布的变量 x，其参数为 μ 和 s，前已证明，$E(X)=\mu$。这里，低温测度指标 $DW_j^A(j=3,4,5,6,7)$、$DW_j^B(j=3,4,5,6,7)$的最优分布都是逻辑斯谛分布，那么，这些指标的数学期望等于其相应的位置参数 μ。据此估计出各低温测度值的数学期望值列于表 4-19 的第(3)列中。

表 4-19 低温测度指标的期望值估计

指标	最优分布	参数估计值	期望值(℃)
	(1)	(2)	(3)
DW_3^A	逻辑斯谛分布	μ=0.2666(0.0098)，s=0.3351(0.0000)	0.2666
DW_3^B	逻辑斯谛分布	μ=0.6687(0.0003)，s=0.5765(0.0000)	0.6687
DW_4^A	逻辑斯谛分布	μ=0.2980(0.0016)，s=0.3018(0.0000)	0.2980
DW_4^B	逻辑斯谛分布	μ=0.7321(0.0000)，s=0.5192(0.0000)	0.7321
DW_5^A	逻辑斯谛分布	μ=0.1920(0.0191)，s=0.2709(0.0000)	0.1920
DW_5^B	逻辑斯谛分布	μ=0.5363(0.0001)，s=0.4426(0.0000)	0.5363
DW_6^A	逻辑斯谛分布	μ=0.1950(0.0037)，s=0.2160(0.0000)	0.1950
DW_6^B	逻辑斯谛分布	μ=0.4778(0.0000)，s=0.3622(0.0000)	0.4778
DW_7^A	逻辑斯谛分布	μ=0.2346(0.0323)，s=0.3606(0.0000)	0.2346
DW_7^B	逻辑斯谛分布	μ=0.5302(0.0021)，s=0.5467(0.0000)	0.5302

注：①样本数据时间区段为 1989—2018 年；②第(2)列中，括号内数据为相应参数估计对应的 P 值。

表 4-19 表明，各低温测度指标的数学期望分别是：$E(DW_3^A) = 0.2666$，$E(DW_3^B) = 0.6687$，$E(DW_4^A) = 0.2980$，$E(DW_4^B) = 0.7321$，$E(DW_5^A) = 0.1920$，$E(DW_5^B) = 0.5363$，$E(DW_6^A) = 0.1950$，$E(DW_6^B) = 0.4778$，$E(DW_7^A) = 0.2346$，$E(DW_7^B) = 0.5302$。

2. 费率的厘定

根据气候减产率与低温测度指标的定量关系，结合低温测度指标的期望值，即可厘定低温天气指数保险的纯费率。表 4-17 中的第(1)列为气候减产率与各低温测度指标的定量关系，表 4-19 的第(3)列为各低温测度指标的期望值，再利用式(4-20)和式(4-21)，可以计算出第 $j(j=3,4,5,6,7)$ 月低温天气指数保险的纯费率。即：

当低温保险赔付的概率为 $\frac{\alpha}{2}(\leqslant 50\%)$ 时，第 $j(j=3,4,5,6,7)$ 月低温天气指数保险的纯费率 $R_{DWj}^A = E(Y) = E[f_1(DW_j^A)]$；

当低温保险赔付的概率为 $\left(1-\frac{\alpha}{2}\right)(\geqslant 50\%)$ 时，第 $j(j=3,4,5,6,7)$ 月低温天气指数保险的纯费率 $R_{DWj}^B = E(Y) = E[f_2(DW_j^B)]$。

例如，当低温保险的赔付概率为 40%(＜50%) 时，长沙县早稻作物 3 月低温天气指数保险的纯费率为：

$$R_{DW3}^A = E(Y) = E[f_1(DW_3^A)] = 0.0265 \times 0.2666 \times 100\% = 0.7065\%。$$

当低温保险的赔付概率为 60%(＞50%) 时，长沙县早稻作物 3 月低温天气指数保险的纯费率为：

$$R_{DW3}^B = E(Y) = E[f_1(DW_3^B)] = 0.0156 \times 0.6687 \times 100\% = 1.0431\%。$$

与此类似，当保险公司的赔付概率为 40%或 60%时，计算出 3—7 月低温天气指数保险的纯费率一并列于表 4-20 的第(1)、(2)列中。这里，统筹考虑保险人的财务安全因素、营业费用因素等，假定系数为 1.8，得到低温天气指数保险的费率列于第(3)、(4)列中。

表 4-20　不同赔付概率下低温天气指数保险费率厘定结果

月份	种类	不同赔付概率下的纯费率 R_{DWj}（%）		不同赔付概率下的费率 R_j（%）	
		40%	60%	40%	60%
		(1)	(2)	(3)	(4)
3	低温保险	0.7065	1.0431	1.2717	1.8775
4	低温保险	1.0787	1.4642	1.9416	2.6355
5	低温保险	0.6777	1.4801	1.2198	2.6641
6	低温保险	0.4875	0.8695	0.8775	1.5651
7	低温保险	0.2885	0.5461	0.5193	0.9829

表 4-20 中的费率，现以 1.2717%为例来说明其含义：这是根据 1987—2018 年的时序数据厘定的长沙县早稻作物 3 月低温天气指数保险的费率；低温保险触发值按$Q\hat{W}_j - z_{\alpha/2}S_j$ 计算，如 2019 年 3 月的低温保险触发值为 11.36 ℃，若 3 月的实际月平均气温低于 11.36 ℃则视为低温灾害发生，保险公司应当给予赔付，保险公司低温赔付的概率为 40%；如果设定每亩保险金额为 300 元，则被保险人每亩需要交纳保费 300 元×1.2717%＝3.82 元。

(六)政府保费补贴支出的测算

为计算各级政府的低温天气指数保险的保费补贴支出，现提出如下假设：

假设 1：早稻作物低温天气指数保险的保额为其趋势单产 $\hat{X}$。趋势单产就是没有遭受灾害时的正常单产，这就是说，农民规避低温风险，旨在达到正常年份的正常收入水平。

假设 2：在早稻作物 3—7 月 5 个月的生长期间，设定 3—7 月每月每公顷的保额均为其趋势单产的五分之一，即 $\hat{X}/5$。

假设 3：中央、省、市(县)政府保费补贴支出占保费收入的比例分别为 40%、25%、10%。

对于长沙县早稻作物的趋势单产 $\hat{X}$，前面已经求得 $\hat{X}$ 的期望值为：$E(\hat{X})=$ 6077.5416（公斤/公顷）。

根据式(4-22)，单位面积(公顷)的政府保费补贴支出 $d_{i(j)}=\alpha_i R_j f_j E(\hat{X})$，据此计算中央、省、市(县)政府的保费补贴支出。

当低温保险赔付概率为 40%时，政府保费补贴支出的测算如表 4-21 所示。

表 4-21 政府保费补贴支出测算表

（低温保险赔付概率为 40%时）

月份	各月权重	各月年均保额（公斤/公顷）	各月费率（%）	各月保费收入期望（公斤/公顷）
j	f_j	$f_jE(\hat{X})$	R_j	$R_jf_jE(\hat{X})$
3 月	0.2	1215.5083	1.2717	15.4576
4 月	0.2	1215.5083	1.9416	23.6003
5 月	0.2	1215.5083	1.2198	14.8267
6 月	0.2	1215.5083	0.8775	10.6660
7 月	0.2	1215.5083	0.5193	6.3121
和	1.0	6077.5416	—	70.8629

月份	各月保费收入期望	保费补贴支出		
		中央政府	省政府	市（县）政府
	（公斤/公顷）	（公斤/公顷）	（公斤/公顷）	（公斤/公顷）
j	$R_jf_jE(\hat{X})$	$\alpha_1R_jf_jE(\hat{X})$ （$\alpha_1=40\%$）	$\alpha_2R_jf_jE(\hat{X})$ （$\alpha_2=25\%$）	$a_3R_jf_jE(\hat{X})$ （$\alpha_3=10\%$）
3 月	15.4576	6.1830	3.8644	1.5457
4 月	23.6003	9.4401	5.9000	2.3600
5 月	14.8267	5.9307	3.7066	1.4826
6 月	10.6660	4.2664	2.6665	1.0666
7 月	6.3121	2.5248	1.5780	0.6312
和	70.8629	28.3451	17.7157	7.0862

以 3 月为例：

低温保险赔付概率为 40%时，3 月低温保险的保额为 $f_3\hat{X}=\hat{X}/5$，年均保额为 $f_3E(\hat{X})=E(\hat{X})/5$，前面已经计算，3 月低温保险的费率为 $R_3=1.2717\%$，单位面积（公顷）保费收入的期望＝费率×年均保额＝$R_jf_jE(\hat{X})=R_3f_3E(\hat{X})=R_3E(\hat{X})\times(1/5)=1.2717\%\times6077.5416\times0.2=15.4576$（公斤/公顷）。如果中央、省、市（县）政府单位面积的保费补贴支出分别按照保费收入的 40%、25%、10%的比例计算，则中央、省、市（县）政府单位面积的年均保费补贴分别为 $\alpha_1R_3f_3E(\hat{X})$、$\alpha_2R_3f_3E(\hat{X})$、$a_3R_3f_3E(\hat{X})$，即 6.1830 公斤/公顷、3.8644 公斤/公顷、1.5457 公斤/公顷。

类似地，可以求得其他月份在赔付概率为40%情况下中央、省、市(县)政府单位面积政府保费补贴支出的期望值，一并列于表4-21中。

表4-21表明，对于长沙县早稻作物低温保险，在低温保险赔付概率为40%的情况下，中央、省、市(县)政府单位面积的年均政府保费补贴支出分别为：28.3451公斤/公顷、17.7157公斤/公顷、7.0862公斤/公顷。如果按照早稻作物平均价格为140元/50公斤进行换算，中央、省、市(县)政府单位面积的年均政府保费补贴支出分别为：5.29元/亩、3.31元/亩、1.32元/亩。

当低温保险赔付概率为60%时，中央、省、市(县)政府保费补贴支出的测算结果如表4-22所示。

表4-22 政府保费补贴支出测算表

(低温保险赔付概率为60%时)

月份	各月权重	各月年均保额(公斤/公顷)	各月费率(%)	各月保费收入期望(公斤/公顷)
j	f_j	$f_j E(\hat{X})$	R_j	$R_j f_j E(\hat{X})$
3月	0.2	1215.5083	1.8775	22.8211
4月	0.2	1215.5083	2.6355	32.0347
5月	0.2	1215.5083	2.6641	32.3823
6月	0.2	1215.5083	1.5651	19.0239
7月	0.2	1215.5083	0.9829	11.9472
和	1.0	6077.5416	—	118.2094

月份	各月保费收入期望	保费补贴支出		
		中央政府	省政府	市(县)政府
	(公斤/公顷)	(公斤/公顷)	(公斤/公顷)	(公斤/公顷)
j	$R_j f_j E(\hat{X})$	$\alpha_1 R_j f_j E(\hat{X})$ ($\alpha_1=40\%$)	$\alpha_2 R_j f_j E(\hat{X})$ ($\alpha_2=25\%$)	$\alpha_3 R_j f_j E(\hat{X})$ ($\alpha_3=10\%$)
3月	22.8211	9.1284	5.7052	2.2821
4月	32.0347	12.8138	8.0086	3.2034
5月	32.3823	12.9529	8.0955	3.2382
6月	19.0239	7.6095	4.7559	1.9023
7月	11.9472	4.7788	2.9868	1.1947
和	118.2094	47.2837	29.5523	11.8209

以3月为例：

低温保险赔付概率为60%时，3月低温保险的保额为 $f_3\hat{X}=\hat{X}/5$，年均保额为 $f_3E(\hat{X})=E(\hat{X})/5$，前面已经得到3月低温保险的费率为 $R_3=1.8775\%$，那么，3月份单位面积（公顷）保费收入的期望值=费率×年均保额=$R_jf_jE(\hat{X})=R_3f_3E(\hat{X})=R_3E(\hat{X})\times(1/5)=1.8775\%\times6077.5416\times0.2=22.8212$（公斤/公顷）。则中央、省、市（县）政府单位面积的年均保费补贴支出分别为 $\alpha_1R_3f_3E(\hat{X})$、$\alpha_2R_3f_3E(\hat{X})$、$a_3R_3f_3E(\hat{X})$，即9.1284公斤/公顷、5.7052公斤/公顷、2.2821公斤/公顷。

类似地，在低温保险赔付概率为60%的情况下，利用上述同样方法可以求得其他月份中央、省、市（县）政府单位面积政府保费补贴支出的期望值，一并列于表4-22中。

表4-22政府保费补贴支出的测算结果表明，对于长沙县早稻作物的低温天气指数保险，在低温保险赔付概率为60%的情况下，中央、省、市（县）政府单位面积的年均政府保费补贴支出分别为47.2837公斤/公顷、29.5523公斤/公顷、11.8209公斤/公顷。如果按照早稻作物平均价格为140元/50公斤进行换算，中央、省、市（县）政府单位面积的年均政府保费补贴支出分别为8.82元/亩、5.51元/亩、2.21元/亩。

（七）实证结论分析

以长沙县早稻作物的低温天气指数保险为例，当中央、省、市（县）政府的保费补贴支出占保险公司保费收入的比例为40%、25%、10%时，低温天气指数保险的赔付概率取40%、60%两种情况下，采用费率厘定的参数法分月度地厘定3—7月低温天气指数保险的费率，进而测算了3—7月各月份中央、省、市（县）政府单位面积的保费补贴支出。对于早稻作物的整个生长期，中央、省、市（县）政府单位面积的保费补贴支出，则为3—7月各个月份单位面积的保费补贴支出的总和，如表4-23所示。

表 4-23 长沙县早稻低温保险的政府补贴支出

月份	保费补贴支出(公斤/公顷)					
	低温保险赔付概率为 40%			低温保险赔付概率为 60%		
	中央政府	省政府	市(县)政府	中央政府	省政府	市(县)政府
3 月	6.1830	3.8644	1.5457	9.1284	5.7052	2.2821
4 月	9.4401	5.9000	2.3600	12.8138	8.0086	3.2034
5 月	5.9307	3.7066	1.4826	12.9529	8.0955	3.2382
6 月	4.2664	2.6665	1.0666	7.6095	4.7559	1.9023
7 月	2.5248	1.5780	0.6312	4.7788	2.9868	1.1947
和(公斤/公顷)	28.3451	17.7157	7.0862	47.2837	29.5523	11.8209
和(元/亩)	5.29	3.31	1.32	8.82	5.51	2.21

分析实证结论的表 4-23,可以看出:

(1) 从低温保险单位面积的政府年均保费补贴来分析。如果中央、省、市(县)政府财政补贴占保费的比例按 40%、25%、10%来计算,当赔付概率为 40%时,中央、省、市(县)政府每亩年均补贴分别为 5.29 元、3.31 元、1.32 元;当赔付概率为 60%时,中央、省、市(县)政府每亩年均补贴分别为 8.82 元、5.51 元、2.21 元。当赔付概率变化时,每亩年均保费补贴也会随之发生变化。

(2) 从低温保险政府年均保费补贴总额来分析。如果长沙县早稻作物投保面积为 50 万亩,当赔付概率为 40%时,中央、省、市(县)政府年均财政保费补贴总额分别为 264.5 万元、165.5 万元、66 万元;当赔付概率为 60%时,中央、省、市(县)政府年均财政保费补贴总额分别为 441 万元、275.5 万元、110.5 万元。当赔付概率变化时,年均保费补贴总额也会随之发生变化。

(3) 从市(县)政府保费补贴的支付能力来分析。长沙县 2018 年实现地区生产总值 1509.3 亿元,全年实现财政总收入 356.4 亿元。对于长沙县早稻作物的低温保险,当保险公司赔付概率为 40%时,市(县)政府年均保费补贴总额为 66 万元,约占地区生产总值的 0.000437%,占全年财政总收入的 0.001852%;当保险公司赔付概率为 60%时,市(县)政府年均保费补贴总额为 110.5 万元,约占地区生产总值的 0.000732%,占全年财政总收入的 0.00310%。

(4) 低温保险赔付概率越大,政府保费补贴就越多。当低温保险赔付概率为 60%时,中央、省、市(县)政府单位面积的年均政府保费补贴支出分别为 8.82 元/

亩、5.51 元/亩、2.21 元/亩。当低温保险赔付概率降为 40%时，中央、省、市(县)政府单位面积的年均政府保费补贴支出分别下降为 5.29 元/亩、3.31 元/亩、1.32 元/亩。这表明，低温保险赔付概率越大，政府保费补贴就越多。

实际月平均气温低于低温保险触发值的概率，即为低温保险的赔付概率。当低温保险的赔付概率越大时，例如，由 40%增大到 60%，低温保险触发值就越高，低温测度指标值(=max{低温触发值－实际气温，0})就越大，低温灾害越严重，因低温导致的气候减产率也就越大，费率也就越高，所交保费越多，政府的保费补贴支出也就越多。

三、结论

与传统农业保险、区域产量保险相比，天气指数保险具有许多明显的优势：较好地克服了道德风险和逆选择问题，并能承保指定的风险，等等。本部分对于指定风险——低温风险的低温保险费率进行了厘定，并测算了相应的政府保费补贴支出。

测算低温天气指数保险的政府保费补贴支出的方法是：首先分析气候因素导致粮食作物减产的程度，计算气候减产率；再在一定的低温保险赔付概率下，设置低温保险触发值，设计低温测度指标，测算低温灾害的严重程度；然后利用计量经济分析方法，确立气候减产率与低温测度指标之间的定量关系；最后根据该定量关系以及低温测度指标的期望值，求得低温天气指数保险的费率，进而测算政府的保费补贴支出。

测算政府保费补贴支出的关键问题是保险费率的厘定。本部分探讨的低温天气指数保险的费率厘定，利用概率分布理论较好地设置了低温保险的触发值，设计了低温测度指标，并将保险公司的赔付概率、低温保险触发值、保险费率、政府保费补贴支出有机地联系在一起，为探讨天气指数保险的费率厘定、测算相应的政府保费补贴支出提供了新思路。

天气指数保险也有自身的局限性，主要是存在“基数风险”。天气指数的选取是天气指数保险能否成功的关键，决定了能否发挥其优势，克服其缺陷。“基数风险”主要来源于两个方面：一是指数选取不当，对产量损失的解释能力有限；二是由于区域内的空间异质性较强，指数难以顾及整个区域。为了将“基数风险”最小化，要立足于实地调研，确保指数与损失之间的定量关系尽可能准确可靠，还要在区域选择上尽可能最小化，使指数对所选地区具有足够的代表性。

第三节　短日照保险政府支出的测算

日照时间过短或者过长,都会影响粮食作物的产量。日照时间天气指数保险,既包括短日照天气指数保险,也包括长日照天气指数保险。这里以短日照天气指数保险为例,探讨短日照天气指数保险政府保费补贴支出的测算问题。

一、研究方法

(一)短日照测度指标

短日照测度指标是测定短日照灾害严重程度的指标。如果统计口径选择为"月",R_j 表示历年第 j 月的实际日照时间序列,据此构建时间序列模型,求得相应年份第 j 月日照时间的预测值$\hat{R}_j$,该预测的标准差用 S_j 表示。

由于$\frac{R_j-\hat{R}_j}{S_j}$服从$t$分布,故当$n>30$时,近似地有$\frac{R_j-\hat{R}_j}{S_j}\sim N(0,1)$。据此可得:

$$P(\hat{R}_j-z_{\frac{\alpha}{2}}S_j\leqslant R_j\leqslant \hat{R}_j+z_{\frac{\alpha}{2}}S_j)\approx 1-\alpha \tag{4-25}$$

式(4-25)表明,第 j 月的实际日照时间 R_j 落在区间$[\hat{R}_j-z_{\frac{\alpha}{2}}S_j,\hat{R}_j+z_{\frac{\alpha}{2}}S_j]$内的概率为$1-\alpha$。这里,区间$[\hat{R}_j-z_{\frac{\alpha}{2}}S_j,\hat{R}_j+z_{\frac{\alpha}{2}}S_j]$即为日照时间通常的波动范围。

由式(4-25)可得,短日照则意味着第 j 月的实际日照时间$R_j\leqslant\hat{R}_j-z_{\frac{\alpha}{2}}S_j$,且知$P(R_j\leqslant\hat{R}_j-z_{\frac{\alpha}{2}}S)\approx\frac{\alpha}{2}$。这里,$R_{0j}^A=\hat{R}_j-z_{\frac{\alpha}{2}}S_j$为短日照触发值,$\frac{\alpha}{2}$是短日照发生的概率,也就是短日照保险赔付的概率。

短日照灾害是否发生,就需要分析实际日照时间 R_j 是否达到短日照触发值R_{0j}^A。当实际日照时间比触发值更小时,短日照灾害发生,短日照测度指标值为$R_{0j}^A-R_j$;当实际日照时间比触发值更大时,没有发生短日照灾害,短日照测度指标值为0。综合起来,短日照测度指标 R_j^A 可以定义为:

$$R_j^A=\max\{(\hat{R}_j-z_{\frac{\alpha}{2}}S_j)-R_j,0\} \tag{4-26}$$

按式(4-26)计算的短日照测度指标R_j^A,恒有$R_j^A\geqslant 0$。当短日照灾害很严重时,

实际日照时间 R_j 会很小，R_j^A 就会很大；当短日照灾害不严重时，实际日照时间与触发值相差较小，R_j^A 就会较小；当没有发生短日照灾害时，短日照测度值为0。

由式(4 - 25)还可得，短日照也可以是第 j 月份的实际日照时间 $R_j \leqslant \hat{R}_j + z_{\frac{\alpha}{2}} S_j$，且知 $P(R_j \leqslant \hat{R}_j + z_{\frac{\alpha}{2}} S) \approx 1 - \frac{\alpha}{2}$。这里，$R_{0j}^B = \hat{R}_j + z_{\frac{\alpha}{2}} S_j$ 为短日照触发值，$\left(1 - \frac{\alpha}{2}\right)$是短日照发生的概率，也就是短日照保险赔付的概率。

短日照灾害是否发生，需要分析实际日照时间 R_j 是否达到短日照触发值 R_{0j}^B。当实际日照时间比触发值更小时，短日照灾害发生，短日照测度指标值为 $R_{0j}^B - R_j$；当实际日照时间比触发值更大时，没有发生短日照灾害，短日照测度指标值为0。综合起来，短日照测度指标 R_j^B 可以定义为：

$$R_j^B = \max\{(\hat{R}_j + z_{\frac{\alpha}{2}} S_j) - R_j, 0\} \tag{4-27}$$

按式(4-27)计算的短日照测度指标 R_j^B，恒有 $R_j^B \geqslant 0$。当短日照灾害很严重时，实际日照时间 R_j 会很小，R_j^B 就会很大；当短日照灾害不严重时，实际日照时间与触发值相差较小，R_j^B 就会较小；当没有发生短日照灾害时，短日照测度值为0。

(二) 短日照保险的费率厘定

利用样本数据，借助计量经济分析方法，可以构建气候减产率关于短日照测度指标的计量模型。现将模型表述为：

$$\hat{Y} = f(R_j^A) \tag{4-28}$$

$$\hat{Y} = f(R_j^B) \tag{4-29}$$

按照财产保险的定价思路，粮食作物短日照天气指数保险的纯费率，就是在确定短日照测度指标对粮食作物气候减产率影响程度的基础上求得气候减产率的期望值，即：

短日照天气指数保险纯费率：

$$R_{Cj}^A = E[f(R_j^A)] \tag{4-30}$$

$$R_{Cj}^B = E[f(R_j^B)] \tag{4-31}$$

在上述计算的短日照天气指数保险纯费率的基础上，再分析保险人的业务经营管理费用、财务经营的稳定性、利润等因素，从而得到短日照天气指数保险的费率 R_j^A、R_j^B。

(三) 政府保费补贴支出的测算

假定整个生长期的保额为单产趋势值 $\hat{X}$。对于粮食作物生长的各个月份，第 j 月的日照时间对粮食作物生长的相对重要性为 f_j，即权重，$0 < f_i < 1$，且 $\sum f_j = 1$，则第 j 月短日照保险的保额为 $f_j\hat{X}$。

先计算粮食作物生长的第 j 月的政府年均保费补贴支出。保险公司第 j 月的单位面积保费收入 = 费率 × 保额 = $R_j f_j \hat{X}$。设中央政府、省政府、市县两级政府分别承担的保费比例为 $\alpha_i(i = 1,2,3)$，则中央、省、市县单位面积承担的保费为 $\alpha_i R_j f_j \hat{X}$。根据历年的资料，进而求得中央、省、市县第 j 月承担的单位面积年均保费 $d_{i(j)}(i = 1,2,3;\ j = 3,4,5,6,7)$ 为：

$$d_{i(j)} = E(\alpha_i R_j f_j \hat{X}) = \alpha_i R_j f_j E(\hat{X}) \tag{4-32}$$

如果承保面积为 S，粮食作物价格为 P，则对于第 j 月，中央、省、市(县) 政府年均需要积累的保费补贴支出 $D_{i(j)}$ 为：

$$D_{i(j)} = P \cdot S \cdot E(\alpha_i R_j f_j \hat{X}) = P \cdot S \cdot \alpha_i R_j f_j E(\hat{X}) \tag{4-33}$$

再计算粮食作物整个生长期政府年均保费补贴支出。整个生长期政府年均保费补贴支出 $D_i(i = 1,2,3)$ 为粮食作物生长的各个月政府年均保费补贴支出之和，即

$$D_i = \sum_j (P \cdot S \cdot E(\alpha_i R_j f_j \hat{X})) = \sum_j (P \cdot S \cdot \alpha_i R_j f_j E(\hat{X})) \tag{4-34}$$

二、实证研究

(一) 样本选择与数据来源

湖南是最重要的粮食主产区之一，稻谷是湖南最重要的粮食作物，湖南的稻谷产量历年居各省(市、区)首位。对于短日照天气指数保险，需要分析日照时间指标，选择的样本区域越大，日照时间指标的代表性就越小；选择的样本区域越小，日照时间指标的代表性就越大，所以，考虑到日照时间指标对地区的代表性，本文选择湖南省长沙县早稻作物作为样本。当然，如果选取更小的区域，如乡镇，代表性会更大，但乡镇无法提供系统、完整的日照时间数据。

搜集样本数据的时间区段确定为 1987—2018 年，共 32 年，在这 32 年间，我国农村一直普遍实行家庭联产承包责任制，主要政策相对稳定。

长沙县早稻作物 1987—2018 年的单产数据来源于相应年份的《长沙统计年

鉴》,数据如附表 2 所示。

长沙县早稻作物整个生长期有 5 个月的时间,3 月播种,7 月收割。日照时间以月作为统计口径,以各月份的“日照时间的和”来表示,日照时间数据来源于中国气象局国家气象信息中心气象资料室,时间单位是小时,数据如附表 5 所示。

将附表 5 中的数据作成曲线图,如图 4-5 所示。

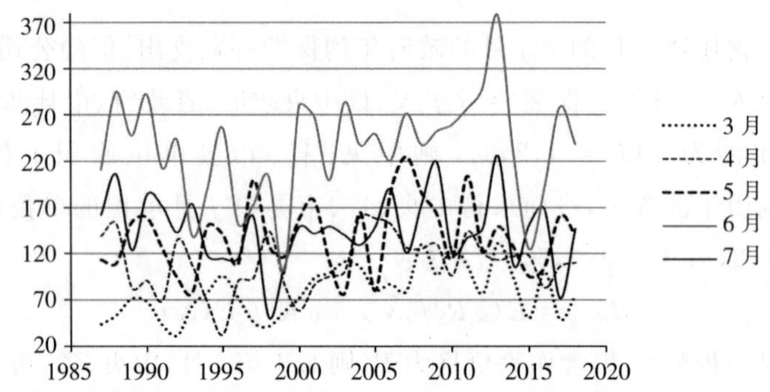

图 4-5　长沙县 1987—2018 年 3—7 月的每月日照时间图　(单位:小时)

对单产 X、日照时间 $R_j(j=3,4,5,6,7)$数据进行统计描述,如表 4-24 所示。

表 4-24　1987—2018 年长沙县早稻单产、3—7 月日照时间的统计描述

变量	变量名称	年数	平均值	标准差	标准差系数	最小值	最大值
X	早稻单产	32	6081.37	443.13	0.07	4666 (1998)	6829 (1996)
R_3	3 月份日照时间	32	78.96	27.18	0.34	31.7 (1992)	131.1 (2013)
R_4	4 月份日照时间	32	109.04	30.95	0.28	32.3 (1995)	160.2 (2004)
R_5	5 月份日照时间	32	138.15	38.22	0.27	77.4 (2003)	224.9 (2007)
R_6	6 月份日照时间	32	145.63	37.88	0.26	50.9 (1998)	225.6 (2013)
R_7	7 月份日照时间	32	233.83	57.22	0.24	98.9 (1999)	377.6 (2013)

表注:括号内为年份数。

从表 4-24 来看,1987—2018 年间的平均单产为 6081 公斤/公顷。1998 年单产 4666 公斤/公顷,为最低单产。1996 年单产 6829 公斤/公顷,为最高单产。3—7

月，各月份日照时间逐月上升，从3月的78.96小时上升到7月的233.83小时。3月的日照时间标准差系数最大，为0.34，反映各年间日照时间变化最大。7月的标准差系数最小，为0.24，反映各年间的日照时间差异程度最小，最稳定。所以，以日照时间这个指标综合来看，3月日照短、变化大，7月日照长、变化小。

3—7月的每月日照时间都可以作为保险标的，同时，还考虑到在一定限度内，日照时间越长，一般是越有利于稻谷作物的生长，因此，本部分不考虑长日照保险的问题，将厘定3—7月短日照保险的费率，并测算相应的政府保费补贴支出。

(二)平稳性检验

由于单产 X、3－7月份的日照时间 R_j（$j=3,4,5,6,7$）都是时间序列数据，建模分析之前需要检验其平稳性。这里采用ADF检验法和PP检验法，将检验结果列于表4-25中。

表4-25　单产、日照时间的平稳性检验

变量	ADF检验			结论
	检验类型	统计量	P值	
X	$(C,0,1)$	－5.6837	0.0000	平稳
R_3	$(C,0,1)$	－3.4523	0.0165	平稳
R_4	$(C,0,1)$	－3.5724	0.0124	平稳
R_5	$(C,0,1)$	－5.0925	0.0002	平稳
R_6	$(C,0,1)$	－5.8330	0.0000	平稳
R_7	$(C,0,1)$	－4.4704	0.0013	平稳
变量	**PP检验**			**结论**
	检验类型	统计量	P值	
X	$(C,0,1)$	－5.7677	0.0000	平稳
R_3	$(C,T,1)$	－5.5673	0.0002	平稳
R_4	$(C,0,1)$	－4.7351	0.0004	平稳
R_5	$(C,0,1)$	－5.9549	0.0000	平稳
R_6	$(C,0,1)$	－6.5130	0.0000	平稳
R_7	$(C,0,1)$	－5.4225	0.0001	平稳

注：(C,T,L)中，C表示截距项，T表示趋势项，L表示滞后项；0表示没有C或T；滞后阶数L依SIC准则确定。

分析表 4-25，选择检验的显著性水平为 5%，无论是 ADF 检验还是 PP 检验，所有检验统计量对应的 P 值都小于 5%，即都拒绝存在单位根（即序列非平稳）的原假设，这表明 X、R_j（$j=3,4,5,6,7$）这些指标都是平稳的，可以对它们建立 ARMA模型进行分析。

（三）短日照测度指标的计算

先需要建立各月份（3—7 月）的日照时间的时间序列模型，用以计算日照时间预测值和估计标准误差。

现以 3 月为例加以说明：

表 4-25 表明，1987—2018 年 3 月的日照时数序列 R_3 是平稳的，故可建立 ARMA 模型：

$$\hat{R}_{3t} = 84.24 + 0.81AR(1) + v_t - 0.54v_{t-1}$$

即：

$$\hat{R}_{3t} = \underset{(7.42)}{84.24} + \underset{(4.81)}{0.81}(R_{3t-1} - 84.24) + v_t - \underset{(-2.05)}{0.54}v_{t-1}$$

即：

$$\hat{R}_{3t} = 16.01 + 0.81R_{3t-1} + v_t - 0.54v_{t-1} \tag{4-35}$$

$R^2 = 0.45$，$F = 4.63$，F 对应的 $P = 0.02$，$AIC = 9.29$，$DW = 1.88$。

该模型（4-35）对应的特征方程的特征根为 0.81，特征根的模小于 1，说明模型（4-35）平稳。

再对模型（4-35）的残差序列是否为白噪声进行检验。检验的原假设 H_0：模型（4-35）的残差项为白噪声。残差序列样本容量 n 为 31，Ljung-Box-Q 统计量最大滞后期取 $[n/4]=7$。当最大滞后期取 7 时，Ljung-Box-Q 统计量 $Q_{(7)}=6.81$，相应的 $P=0.24>5\%$。这说明应该接受原假设 H_0，即模型的残差项为白噪声。

模型（4-35）经检验是平稳的，并且其残差序列为白噪声，故该模型可用于预测。

类似地，可以对其他月份（4—7 月）的日照时间序列进行建模分析，如表 4-26 所示。

在表 4-26 中，第（1）列是根据各月份 1987—2018 年的日照时数数据建立的 ARMA 模型。由于 MA 过程在任何条件下都是平稳过程，所以，对 ARMA 过程平稳性的要求，就完全表现在对 AR 过程的要求上，第(2)列即为所建立的 ARMA 模型相应的 AR 过程的特征根。对 ARMA 模型的残差序列是否为白噪声进行检验，检验的原假设 H_0：模型的残差项为白噪声。采用 Ljung-Box-Q 统计量，残差序列样本容量 n 为 30 或者 31，Ljung-Box-Q 统计量最大滞后期取$[n/4]=7$，检验结果列于第(3)列中。

表 4-26　日照时间的 ARMA 模型及其残差检验

月份	ARMA 模型	AR 过程特征根	残差序列检验
	(1)	(2)	(3)
3 月	$\hat{R}_{3t}=84.24+0.81AR(1)+v_t-0.54v_{t-1}$ (7.42)　(4.81)　(−2.05) $F=4.63$，对应的 $P=0.02$， $AIC=9.29$，$DW=1.88$	0.81	$Q_{(7)}=6.81$， $P=0.24$
4 月	$\hat{R}_{4t}=107.43+0.40AR(1)+v_t$ (12.38)　(2.43) $F=5.91$，对应的 $P=0.02$， $AIC=9.61$，$DW=1.96$	0.40	$Q_{(7)}=6.21$， $P=0.40$
5 月	$\hat{R}_{5t}=147.92+0.80AR(1)+v_t-1.43v_{t-1}$ (10.25)　(7.59)　(−6.36) $F=13.77$，对应的 $P=0.00$， $AIC=9.61$，$DW=2.01$	0.80	$Q_{(7)}=3.81$， $P=0.58$
6 月	$\hat{R}_{6t}=142.69-0.77AR(1)-1.00AR(2)$ (23.52)　(−10.15)　(−12.34) $+v_t+0.74v_{t-1}+0.94v_{t-2}$ (12.81)　(32.78) $F=2.26$，对应的 $P=0.09$， $AIC=10.07$，$DW=1.84$	$-0.38-0.92i$， $-0.38+0.92i$	$Q_{(7)}=4.45$， $P=0.22$
7 月	$\hat{R}_{7t}=233.39-0.64AR(1)+v_t+0.89v_{t-1}$ (20.23)　(−2.32)　(4.11) $F=2.29$，对应的 $P=0.11$， $AIC=10.96$，$DW=1.88$	−0.64	$Q_{(7)}=2.21$， $P=0.82$

注：① 样本区间为 1987—2018；② t 检验、F 检验采用的显著性水平为 10%。

从表 4-26 的第(2)列特征根来看，特征根的模都小于 1，各特征根都落在单位圆内，满足平稳性要求，说明所建立的 ARMA 模型都是平稳的。第(3)列残差序列检验中，分析模型的随机误差项检验 Q 统计量的值，从其对应的 P 值看，P 值都远大于 1%，说明都应该接受原假设 H_0，即模型的残差项为白噪声。所以，建立的 ARMA 模型用于预测是合理的。

再依据表 4-26 建立的 3—7 月的 ARMA 模型，计算短日照测度指标。

基于表 4-26 第(1)列的 ARMA 模型，选用静态预测法，即以指标的真实值来进行预测，可以得到 3—7 月历年的日照时间预测值 $\hat{R}_3$、$\hat{R}_4$、$\hat{R}_5$、$\hat{R}_6$、$\hat{R}_7$ 以及预测标准误差序列 S_3、S_4、S_5、S_6、S_7，如表 4-27 中的第(1)、(2)、(3)列所示。

当短日照保险赔付的概率取 40% 时，即 $\frac{\alpha}{2}=40\%$，查表得 $z_{\frac{\alpha}{2}}=0.255$，此时的短日照保险触发值为 $\hat{R}_j-z_{\frac{\alpha}{2}}S_j=\hat{R}_j-0.255S_j$，$j=3,4,5,6,7$，列于表 4-27 中的第(4) 列。

短日照保险赔付概率 $\frac{\alpha}{2}=40\%<50\%$，根据式(4-26)，该赔付概率时的短日照测度指标 $R_j^A=\max\{\hat{R}_j-z_{\frac{\alpha}{2}}S_j-R_j,0\}=\max\{\hat{R}_j-0.255S_j-R_j,0\}$，$j=3,4,5,6,7$，如表 4-27 的第(5) 列。

当短日照保险赔付的概率取 60% 时，即 $1-\frac{\alpha}{2}=60\%$，同样 $z_{\frac{\alpha}{2}}=0.255$，此时的短日照保险触发值为 $\hat{R}_j+z_{\frac{\alpha}{2}}S_j=\hat{R}_j+0.255S_j$，$j=3,4,5,6,7$，列于表 4-27 中的第(6) 列。

短日照保险赔付概率 $1-\frac{\alpha}{2}=60\%>50\%$，根据式(4-27) 计算该赔付概率时的短日照测度指标 $R_j^B=\max\{\hat{R}_j+z_{\frac{\alpha}{2}}S_j-R_j,0\}=\max\{\hat{R}_j+0.255S_j-R_j,0\}$，$j=3,4,5,6,7$，如表 4-27 的第(7) 列。

表 4-27　触发值和短日照测度指标计算表

年份	3 月份						
	R_3	$\hat{R}_3$	S_3	短日照保险赔付概率			
				40%		60%	
				触发值	短日照测度指标	触发值	短日照测度指标
				$\hat{R}_3-0.255S_3$	R_3^A	$\hat{R}_3+0.255S_3$	R_3^B
	(1)	(2)	(3)	(4)	(5)	(6)	(7)
1987	43.6	—	—	—	—	—	—
1988	53.5	51.959	24.4376	45.7274	0.0000	58.1906	4.6906
1989	71.1	58.634	28.3707	51.4001	0.0000	65.8692	0.0000

续表

年份	3月份						
	R_3	$\hat{R}_3$	S_3	短日照保险赔付概率			
				40%		60%	
				触发值	短日照测度指标	触发值	短日照测度指标
				$\hat{R}_3-0.255S_3$	R_3^A	$\hat{R}_3+0.255S_3$	R_3^B
	(1)	(2)	(3)	(4)	(5)	(6)	(7)
1990	67.4	66.887	28.7771	59.5493	0.0000	74.2257	6.8257
1991	42.5	70.392	28.4399	63.1403	20.6403	77.6447	35.1447
1992	31.7	65.743	28.2897	58.5298	26.8298	72.9575	41.2575
1993	63.9	60.379	28.9962	52.9856	0.0000	67.7737	3.8737
1994	77.9	65.940	28.4754	58.6790	0.0000	73.2014	0.0000
1995	95.9	72.640	28.3210	65.4190	0.0000	79.8627	0.0000
1996	72.4	81.012	28.4638	73.7542	1.3542	88.2707	15.8707
1997	45.7	79.372	27.8688	72.2663	26.5663	86.4793	40.7793
1998	41.3	71.458	28.2975	64.2428	22.9428	78.6745	37.3745
1999	57.2	66.006	28.8921	58.6390	1.4390	73.3740	16.1740
2000	71.9	67.230	28.4616	59.9732	0.0000	74.4886	2.5886
2001	93.5	71.762	28.1000	64.5972	0.0000	78.9282	0.0000
2002	99.1	79.904	28.1452	72.7275	0.0000	87.0816	0.0000
2003	111.2	85.796	28.2282	78.5978	0.0000	92.9942	0.0000
2004	105.4	92.176	28.4997	84.9089	0.0000	99.4437	0.0000
2005	80.6	94.112	28.2911	86.8984	6.2984	101.3269	20.7269
2006	87.0	88.638	27.9791	81.5043	0.0000	95.7736	8.7736
2007	79.1	87.352	27.9789	80.2177	1.1177	94.4870	15.3870
2008	129.9	84.575	28.0311	77.4279	0.0000	91.7238	0.0000
2009	96.5	96.433	28.5044	89.1652	0.0000	103.7025	7.2025
2010	128.1	94.081	28.1574	86.9014	0.0000	101.2617	0.0000
2011	106.4	101.118	28.8105	93.7719	0.0000	108.4653	2.0653
2012	76.4	99.228	28.5641	91.9445	15.5445	106.5121	30.1121
2013	131.1	90.310	28.6367	83.0076	0.0000	97.6123	0.0000
2014	93.3	99.861	28.6085	92.5660	0.0000	107.1564	13.8564
2015	50.0	95.099	28.4159	87.8535	37.8535	102.3456	52.3456
2016	100.0	81.124	29.4854	73.6053	0.0000	88.6428	0.0000
2017	48.4	86.694	28.0069	79.5527	31.1527	93.8363	45.4363
2018	75.0	76.142	28.9409	68.7622	0.0000	83.5221	8.5221

续表

年份	4 月份						
	R_4	$\hat{R}_4$	S_4	短日照保险赔付概率			
				40%		60%	
				触发值	短日照测度指标	触发值	短日照测度指标
				$\hat{R}_4-0.255S_4$	R_4^A	$\hat{R}_4+0.255S_4$	R_4^B
	(1)	(2)	(3)	(4)	(5)	(6)	(7)
1987	139.1	—	—	—	—	—	—
1988	152.2	120.255	29.5981	112.7078	0.0000	127.8028	0.0000
1989	82.8	125.560	30.0447	117.8985	35.0985	133.2212	50.4212
1990	90.5	97.458	29.4955	89.9366	0.0000	104.9793	14.4793
1991	68.9	100.576	29.3331	93.0960	24.1960	108.0559	39.1559
1992	134.8	91.830	29.9260	84.1984	0.0000	99.4606	0.0000
1993	107.1	118.514	29.4852	110.9954	3.8954	126.0329	18.9329
1994	67.4	107.298	29.1723	99.8587	32.4587	114.7366	47.3366
1995	32.3	91.222	29.9827	83.5765	51.2765	98.8677	66.5677
1996	89.8	77.009	31.8465	68.8884	0.0000	85.1301	0.0000
1997	93.4	100.292	29.3456	92.8094	0.0000	107.7756	14.3756
1998	144.9	101.750	29.2862	94.2822	0.0000	109.2182	0.0000
1999	87.5	122.604	29.7769	115.0108	27.5108	130.1970	42.6970
2000	58.1	99.361	29.3898	91.8667	33.7667	106.8555	48.7555
2001	85.9	87.456	30.3783	79.7099	0.0000	95.2028	9.3028
2002	95.3	98.713	29.4235	91.2103	0.0000	106.2163	10.9163
2003	100.6	102.520	29.2598	95.0583	0.0000	109.9808	9.3808
2004	160.2	104.666	29.2042	97.2186	0.0000	112.1127	0.0000
2005	158.4	128.799	30.3913	121.0495	0.0000	136.5490	0.0000
2006	152.1	128.070	30.3086	120.3417	0.0000	135.7991	0.0000
2007	126.6	125.519	30.0407	117.8590	0.0000	133.1797	6.5797
2008	125.3	115.194	29.3174	107.7178	0.0000	122.6697	0.0000
2009	129.8	114.667	29.2965	107.1967	0.0000	122.1380	0.0000
2010	96.2	116.490	29.3754	108.9988	12.7988	123.9802	27.7802
2011	143.9	102.884	29.2485	95.4256	0.0000	110.3424	0.0000
2012	120.3	122.199	29.7439	114.6143	0.0000	129.7837	9.4837
2013	113.0	112.643	29.2312	105.1888	0.0000	120.0967	7.0967
2014	117.0	109.687	29.1782	102.2463	0.0000	117.1272	0.1272
2015	117.2	111.306	29.2009	103.8602	0.0000	118.7527	1.5527
2016	83.0	111.387	29.2025	103.9408	20.9408	118.8341	35.8341
2017	105.7	97.539	29.4906	90.0189	0.0000	105.0591	0.0000
2018	110.0	106.731	29.1758	99.2910	0.0000	114.1706	4.1706

续表

年份	5月份						
	R_5	$\hat{R}_5$	S_5	短日照保险赔付概率			
				40%		60%	
				触发值	短日照测度指标	触发值	短日照测度指标
				$\hat{R}_5-0.255S_5$	R_5^A	$\hat{R}_5+0.255S_5$	R_5^B
	(1)	(2)	(3)	(4)	(5)	(6)	(7)
1987	113.0	—	—	—	—	—	—
1988	109.6	120.025	28.3918	112.7855	3.1855	127.2653	17.6653
1989	154.0	132.202	49.7618	119.5127	0.0000	144.8912	0.0000
1990	158.9	121.639	49.5766	108.9973	0.0000	134.2814	0.0000
1991	125.1	103.465	49.4917	90.8450	0.0000	116.0858	0.0000
1992	93.2	98.786	49.8763	86.0680	0.0000	111.5049	18.3049
1993	77.8	112.189	49.9109	99.4613	21.6613	124.9158	47.1158
1994	149.5	141.030	49.6782	128.3622	0.0000	153.6980	4.1980
1995	141.0	137.084	49.6670	124.4187	0.0000	149.7489	8.7489
1996	108.4	136.799	49.6995	124.1252	15.7252	149.4720	41.0720
1997	199.4	156.918	50.0346	144.1592	0.0000	169.6769	0.0000
1998	128.8	128.360	49.6244	115.7056	0.0000	141.0140	12.214
1999	116.3	132.018	49.6861	119.3483	3.0483	144.6882	28.3882
2000	157.8	145.115	49.7279	132.4344	0.0000	157.7956	0.0000
2001	177.4	137.693	49.6682	125.0275	0.0000	150.3583	0.0000
2002	110.7	114.749	50.5627	101.8558	0.0000	127.6428	16.9428
2003	77.4	123.972	51.2209	110.9111	33.5111	137.0338	59.6338
2004	165.0	158.115	50.6325	145.2039	0.0000	171.0265	6.0265
2005	80.0	151.730	51.1008	138.6995	58.6995	164.7609	84.7609
2006	185.9	196.130	51.2921	183.0505	0.0000	209.2094	23.3094
2007	224.9	192.874	51.3946	179.7686	0.0000	205.9799	0.0000
2008	185.7	163.667	50.1911	150.8682	0.0000	176.4656	0.0000
2009	162.5	146.627	49.7389	133.9434	0.0000	159.3103	0.0000
2010	114.0	136.893	49.5828	124.2496	10.2496	149.5368	35.5368
2011	203.8	153.527	50.1679	140.7342	0.0000	166.3199	0.0000
2012	123.5	120.745	49.5059	108.1213	0.0000	133.3693	9.8693
2013	149.5	124.478	49.5688	111.8381	0.0000	137.1182	0.0000
2014	126.6	113.439	49.9799	100.6945	0.0000	126.1843	0.0000
2015	95.0	112.09	50.8567	99.1213	4.1213	125.0582	30.0582
2016	105.0	130.059	51.2262	116.9962	11.9962	143.1216	38.1216
2017	161.3	149.431	51.8785	136.2022	0.0000	162.6602	1.3602
2018	140.0	141.655	54.4447	127.7714	0.0000	155.5382	15.5382

续表

年份	6月份						
	R_6	$\hat{R}_6$	S_6	短日照保险赔付概率			
				40%		60%	
				触发值	短日照测度指标	触发值	短日照测度指标
				$\hat{R}_6-0.255S_6$	R_6^A	$\hat{R}_6+0.255S_6$	R_6^B
	(1)	(2)	(3)	(4)	(5)	(6)	(7)
1987	162.3	—	—	—	—	—	—
1988	205.6	—	—	—	—	—	—
1989	123.4	123.373	39.9816	113.1777	0.0000	133.5683	10.1683
1990	183.7	176.433	46.4838	164.5800	0.0000	188.2868	4.5868
1991	171.0	135.910	56.3342	121.5444	0.0000	150.2749	0.0000
1992	142.9	112.364	55.6102	98.1829	0.0000	126.5441	0.0000
1993	173.6	169.393	55.8723	155.1460	0.0000	183.6409	10.0409
1994	117.7	150.374	55.5988	136.1962	18.4962	164.5516	46.8516
1995	114.5	110.744	55.4633	96.6009	0.0000	124.8871	10.3871
1996	114.6	161.665	54.9798	147.6448	33.0448	175.6846	61.0846
1997	160.3	161.469	54.9147	147.4657	0.0000	175.4722	15.1722
1998	50.9	112.483	55.1067	98.4305	47.5305	126.5349	75.6349
1999	104.5	149.151	55.1895	135.0772	30.5772	163.2239	58.7239
2000	148.7	173.773	54.7290	159.8172	11.1172	187.7290	39.0290
2001	141.6	116.208	55.0783	102.1629	0.0000	130.2528	0.0000
2002	149.4	132.731	54.5217	118.8279	0.0000	146.6340	0.0000
2003	139.6	174.646	54.7354	160.6880	21.0880	188.6030	49.0030
2004	129.2	128.123	54.8416	114.1383	0.0000	142.1076	12.9076
2005	149.0	124.179	54.1275	110.3763	0.0000	137.9814	0.0000
2006	189.8	170.665	54.8085	156.6883	0.0000	184.6407	0.0000
2007	120.6	137.436	54.5569	123.5238	2.9238	151.3479	30.7479
2008	173.5	117.865	54.6397	103.9322	0.0000	131.7984	0.0000
2009	218.7	166.392	54.8324	152.4100	0.0000	180.3745	0.0000
2010	120.5	143.849	54.9436	129.8381	9.3381	157.8593	37.3593
2011	136.8	115.150	56.1199	100.8396	0.0000	129.4608	0.0000
2012	147.6	163.601	55.1324	149.5425	1.9425	177.6600	30.0600
2013	225.6	153.303	55.0991	139.2528	0.0000	167.3533	0.0000
2014	107.1	112.266	55.7025	98.0623	0.0000	126.4706	19.3706
2015	151.0	150.601	55.5760	136.4294	0.0000	164.7731	13.7731
2016	168.0	167.507	56.0117	153.2239	0.0000	181.7898	13.7898
2017	71.6	115.623	56.3348	101.2572	29.6572	129.9879	58.3879
2018	147.0	139.983	57.2472	125.3850	0.0000	154.5811	7.5811

续表

年份	7月份						
				短日照保险赔付概率			
				40%		60%	
	R_7	$\hat{R}_7$	S_7	触发值	短日照测度指标	触发值	短日照测度指标
				$\hat{R}_7-0.255S_7$	R_7^A	$\hat{R}_7+0.255S_7$	R_7^B
	(1)	(2)	(3)	(4)	(5)	(6)	(7)
1987	210.7	—	—	—	—	—	—
1988	294.5	281.09	59.994	265.7952	0.0000	296.3924	1.8924
1989	247.4	206.45	75.183	187.2799	0.0000	225.6234	0.0000
1990	291.7	260.91	75.407	241.6896	0.0000	280.1473	0.0000
1991	212.4	223.69	75.876	204.3464	0.0000	243.0435	30.6435
1992	242.5	236.68	76.462	217.1895	0.0000	256.1855	13.6855
1993	138.6	232.76	76.247	213.3241	74.7241	252.2103	113.6103
1994	189.0	209.87	78.739	189.7986	0.7986	229.9559	40.9559
1995	256.5	243.04	76.057	223.6484	0.0000	262.4378	5.9378
1996	152.9	230.66	75.589	211.3903	58.4903	249.9411	97.0411
1997	172.9	215.37	75.331	196.1685	23.2685	234.5874	61.6874
1998	203.8	234.06	75.464	214.8168	11.0168	253.3039	49.5039
1999	98.9	225.28	75.231	206.0957	107.1957	244.4638	145.5638
2000	279.0	206.46	77.771	186.6294	0.0000	226.2929	0.0000
2001	268.4	268.93	78.257	248.9770	0.0000	288.8884	20.4884
2002	199.3	210.64	77.041	191.0020	0.0000	230.2929	30.9929
2003	283.4	244.97	76.510	225.4625	0.0000	264.4828	0.0000
2004	237.5	235.77	76.474	216.2772	0.0000	255.2789	17.7789
2005	249.4	232.30	76.094	212.9029	0.0000	251.7113	2.3113
2006	220.7	238.41	75.927	219.0555	0.0000	257.7788	37.0788
2007	271.3	225.69	75.722	206.3841	0.0000	245.0024	0.0000
2008	237.4	249.86	75.820	230.5287	0.0000	269.1973	31.7973
2009	252.1	219.74	75.491	200.4970	0.0000	238.9978	0.0000
2010	259.3	250.28	75.571	231.0090	0.0000	269.5504	10.2504
2011	276.7	224.93	75.415	205.7056	0.0000	244.1677	0.0000
2012	298.9	251.90	75.856	232.5638	0.0000	271.2508	0.0000
2013	377.6	233.54	75.810	214.2105	0.0000	252.8737	0.0000
2014	228.0	269.86	77.651	250.0652	22.0652	289.6673	61.6673
2015	124.6	199.56	78.363	179.5771	54.9771	219.5424	94.9424
2016	191.0	235.87	78.091	215.9613	24.9613	255.7878	64.7878
2017	278.4	220.41	77.694	200.6035	0.0000	240.2277	0.0000
2018	238.0	256.36	78.233	236.4128	0.0000	276.3116	38.3116

(四)气候减产率关于短日照测度指标的计量模型

气候减产率关于短日照测度指标的计量模型,可以揭示短日照测度指标对气候减产率的影响程度。在构建气候减产率关于短日照测度指标的计量模型前,先分析气候减产率 Y、赔付概率取 40%时的短日照测度指标 $R_j^A(j=3,4,5,6,7)$、赔付概率取 60%时的短日照测度指标 $R_j^B(j=3,4,5,6,7)$的平稳性。这里,同时采用 ADF 单位根检验法和 PP 检验法两种方法来对这些指标进行检验,检验模型形式、检验统计量、检验统计量相应的 P 值以及检验结论一并列于表 4-28 中。

表 4-28　气候减产率、短日照测度指标的平稳性检验

变量	ADF 检验			结论
	检验类型	统计量	P 值	
Y	$(C,T,1)$	−5.6028	0.0005	平稳
R_3^A	$(C,0,1)$	−5.2821	0.0002	平稳
R_3^B	$(C,0,1)$	−4.8231	0.0005	平稳
R_4^A	$(C,T,1)$	−5.4086	0.0007	平稳
R_4^B	$(C,T,1)$	−5.9044	0.0002	平稳
R_5^A	$(C,0,1)$	−6.2830	0.0000	平稳
R_5^B	$(C,0,1)$	−5.6565	0.0001	平稳
R_6^A	$(C,0,1)$	−4.8403	0.0005	平稳
R_6^B	$(C,0,1)$	−4.9994	0.0004	平稳
R_7^A	$(C,0,1)$	−5.1158	0.0002	平稳
R_7^B	$(C,0,1)$	−4.6344	0.0009	平稳
变量	PP 检验			结论
	检验类型	统计量	P 值	
Y	$(C,T,1)$	−7.9530	0.0000	平稳
R_3^A	$(C,0,1)$	−5.2833	0.0002	平稳
R_3^B	$(C,0,1)$	−4.8023	0.0006	平稳
R_4^A	$(C,T,1)$	−8.4907	0.0000	平稳
R_4^B	$(C,T,1)$	−7.6999	0.0000	平稳
R_5^A	$(C,0,1)$	−6.2698	0.0000	平稳
R_5^B	$(C,0,1)$	−5.6566	0.0001	平稳
R_6^A	$(C,0,1)$	−4.8899	0.0005	平稳
R_6^B	$(C,0,1)$	−5.0249	0.0003	平稳
R_7^A	$(C,0,1)$	−5.1284	0.0002	平稳
R_7^B	$(C,0,1)$	−4.6700	0.0008	平稳

注:(C,T,L)中,C 表示截距项,T 表示趋势项,L 表示滞后项;0 表示没有 C 或 T;滞后阶数 L 依 SIC 准则确定。

表 4-28 表明，如果选择显著性水平为 1%，无论是 ADF 检验还是 PP 检验，检验统计量对应的 P 值都小于 1%，故都拒绝存在单位根(即序列非平稳)的原假设。这说明 Y、$R_j^A(j=3,4,5,6,7)$、$R_j^B(j=3,4,5,6,7)$ 都是平稳的，即都是 0 阶单整序列。

现检验气候减产率 Y 与短日照测度指标 $R_j^A(j=3,4,5,6,7)$、$R_j^B(j=3,4,5,6,7)$ 是否存在协整关系。

先采用普通最小二乘法进行协整回归，回归的结果列于表 4-29 中的第(1)列，其残差项记为 $\hat{u}_t$。再对协整回归残差项 $\hat{u}_t$ 进行非平稳性检验，以检验 Y 与 $R_j^A(j=3,4,5,6,7)$、$R_j^B(j=3,4,5,6,7)$ 的协整性。利用 $\hat{u}_t$ 进行 AEG 回归的结果列于表 4-29 的第(2)列。

表 4-29　气候减产率与短日照测度指标的协整检验

协整变量	协整回归方程	协整回归方程残差项的非平稳性检验
		AEG 回归
	(1)	(2)
Y 与 R_3^A	$\hat{Y}_t=0.001369R_{3\ t}^A$， $t=2.18$， 对应的 $P=0.04$， $DW=1.92$， $T=30$	$\Delta\hat{u}_t=0.12 - 0.01t - 2.15\hat{u}_{t-1} + 0.43\Delta\hat{u}_{t-1}$ (−6.84) (−5.25) (−6.84) (2.41) $R^2=0.80, F=31.49$， $DW=2.10, T=28$， $AEG=-6.84$
Y 与 R_3^B	$\hat{Y}_t=0.000922R_{3t}^B$ $t=2.42$， 对应的 $P=0.02$， $DW=2.01$， $T=30$	$\Delta\hat{u}_t=0.11 - 0.01t - 2.05\hat{u}_{t-1} + 0.39\Delta\hat{u}_{t-1}$ (4.96) (−4.86) (−6.44) (2.13) $R^2=0.78, F=28.18$， $DW=2.07, T=28$， $AEG=-6.44$
Y 与 R_4^A	$\hat{Y}_t=0.00103R_{4\ t}^A$ $t=2.04$， 对应的 $P=0.05$， $DW=1.91$， $T=30$	$\Delta\hat{u}_t=0.08 - 0.003t - 1.71\hat{u}_{t-1} + 0.33\Delta\hat{u}_{t-1}$ (3.82) (−3.29) (−5.71) (1.86) $R^2=0.68, F=17.33$， $DW=2.13, T=28$， $AEG=-5.71$

续表

协整变量	协整回归方程	协整回归方程残差项的非平稳性检验
		AEG 回归
	(1)	(2)
Y 与 R_4^B	$\hat{Y}_t=0.000813R_{4\ t}^{B}$ $t=2.51$, 对应的 $P=0.02$, $DW=2.08$, $T=30$	$\Delta\hat{u}_t=0.07 - 0.003t + 0.30\hat{u}_{t-1} + 0.18\Delta\hat{u}_{t-1}$ (3.65)　(−3.26)　(−5.83)　(1.91) $R^2=0.70$, $F=18.36$, $DW=2.12$, $T=28$, $AEG=-5.83$
Y 与 R_5^A	$\hat{Y}_t=0.001646R_{5\ t}^{A}$ $t=2.65$, 对应的 $P=0.02$, $DW=1.76$, $T=30$	$\Delta\hat{u}_t=0.08 - 0.004t - 1.31\hat{u}_{t-1}$ (4.71)　(−3.87)　(−7.37) $R^2=0.68$, $F=27.22$, $DW=2.14$, $T=29$, $AEG=-7.37$
Y 与 R_5^B	$\hat{Y}_t=0.0007265R_{5t}^{B}$ $t=2.52$, 对应的 $P=0.03$, $DW=1.87$, $T=30$	$\Delta\hat{u}_t=0.07 - 0.004t - 1.29\hat{u}_{t-1}$ (4.24)　(−3.72)　(−7.15) $R^2=0.66$, $F=25.63$, $DW=2.08$, $T=29$, $AEG=-7.15$
Y 与 R_6^A	$\hat{Y}_t=0.0007965R_{6\ t}^{A}$ $t=2.30$, 对应的 $P=0.03$, $DW=1.92$, $T=30$	$\Delta\hat{u}_t=0.08 - 0.004t - 1.53\hat{u}_{t-1} + 0.12\Delta\hat{u}_{t-1}$ (3.30)　(−3.07)　(−4.61)　(2.63) $R^2=0.69$, $F=17.75$, $DW=1.91$, $T=28$, $AEG=-4.61$
Y 与 R_6^B	$\hat{Y}_t=0.0005221R_{6\ t}^{B}$ $t=2.13$, 对应的 $P=0.04$, $DW=1.93$, $T=30$	$\Delta\hat{u}_t=0.09 - 0.004t - 1.71\hat{u}_{t-1} + 0.26\Delta\hat{u}_{t-1}$ (3.82)　(−3.67)　(−5.32)　(2.35) $R^2=0.70$, $F=18.97$, $DW=1.91$, $T=28$, $AEG=-5.32$
Y 与 R_7^A	$\hat{Y}_t=0.000347R_{7t}^{A}$ $t=2.17$, 对应的 $P=0.05$, $DW=1.80$, $T=30$	$\Delta\hat{u}_t=0.11 - 0.005t - 1.95\hat{u}_{t-1} + 0.39\Delta\hat{u}_{t-1}$ (4.80)　(−4.33)　(−6.24)　(2.14) $R^2=0.75$, $F=23.42$, $DW=2.01$, $T=28$, $AEG=-6.24$

续表

协整变量	协整回归方程	协整回归方程残差项的非平稳性检验
		AEG 回归
	(1)	(2)
Y 与 R_7^B	$\hat{Y}_t=0.000335R_{7t}^B$ $t=2.03$, 对应的 $P=0.05$, $DW=2.02$, $T=30$	$\Delta\hat{u}_t=0.09 - 0.005t - 1.92\hat{u}_{t-1} + 0.36\Delta\hat{u}_{t-1}$ (4.31)　(−4.06)　(−6.04)　(1.96) $R^2=0.74, F=23.24$, $DW=1.98, T=28$, $AEG=-6.04$

注:① 样本数据时间区段:Y 与 R_6^A、Y 与 R_6^B 为 1989—2018 年;其他均为 1988—2018 年;② AEG回归中,滞后阶数依据 SIC 准则确定。

对表 4-29 进行分析。短日照测度指标值越大,表示早稻作物遭受的短日照灾害越严重,对早稻作物单产的降低影响越显著,实际单产就会下降越多,根据气候减产率的定义式,则气候减产率就会越大。这就是说,气候减产率随短日照测度指标成正比例变化。在表 4-29 的第(1)列中,气候减产率关于短日照测度指标的系数都大于 0,所以,从定性分析来看,第(1)列所有的协整回归方程都是合理的。

对于协整回归残差项的非平稳性检验,选取检验水平为 1%,当样本容量 $T=28$ 时,考虑第(1)列中采用的协整回归模型的形式,查 Mackinnon 协整检验临界值表,计算协整检验临界值 $C_{0.01}=\varphi_\infty+\varphi_1 T^{-1}+\varphi_2 T^{-2}=-3.9001-10.534/28-30.03/28^2=-4.3146$;当 $T=29$ 时,同样计算得到 $C_{0.01}=-4.2990$。从表 4-29 第(2)列协整回归残差项的非平稳性检验的结果来看,每一协整回归模型都有:检验指标 $AEG<C_{0.01}$,故拒绝原假设 H_0,意味着协整回归模型的残差项是平稳时间序列。所以,在 1% 的显著性水平上可以认为,气候减产率 Y 与短日照测度指标 $R_j^A(j=3,4,5,6,7)$、$R_j^B(j=3,4,5,6,7)$之间都存在着协整关系,即长期稳定的均衡关系。

(五)短日照保险的定价

1. 估计短日照测度指标的期望值

先判断各短日照测度指标的分布形式。这里采用 Anderson-Darling 检验法来进行判断,其判断准则是:依某种分布计算的 Anderson-Darling 越小,数据的分布形式就越接近该种分布。由于非短日照年份的短日照测度指标值为 0,对于伽马分布、卡方分布、威布尔分布、帕累托分布等，都不能利用极大似然法有效估计其分布参数，所以，这里从正态分布、逻辑斯谛分布、均匀分布、指数分布 4 种分布形式中进行选择，且这 4 种分布也是常见的分布形式。利用 EViews 软件，可以计算出这 10 个短日照测度指标 $R_j^A(j=3,4,5,6,7)$、$R_j^B(j=3,4,5,6,7)$在正态分布、逻辑斯谛分布、均匀分布、指数分布的每一种分布下对应的修正的 Anderson-Darling 值。对于同一个指标，比较该指标在 4 种分布下的修正的 Anderson-Darling 值的大小，根据修正的 Anderson-Darling 值最小的原则，得出各短日照测度指标的最优分布。如表 4-30 所示。

表 4-30 短日照测度指标的最优分布选择

指标 分布	修正 Anderson-Darling 值				
	R_3^A	R_3^B	R_4^A	R_4^B	R_5^A
	(1)	(2)	(3)	(4)	(5)
正态分布	6.0416	2.5741	5.8503	2.8478	6.5253
逻辑斯谛分布	5.9071	2.2832	5.7782	2.5580	5.8074
均匀分布	6897.775	4394.729	5518.204	4392.768	5518.204
指数分布	9068.872	2740.400	10970.92	2742.862	10970.84
最小的修正 Anderson-Darling 值	5.9071	2.2832	5.7782	2.5580	5.8074
最优分布	逻辑斯谛分布	逻辑斯谛分布	逻辑斯谛分布	逻辑斯谛分布	逻辑斯谛分布
指标 分布	修正 Anderson-Darling 值				
	R_5^B	R_6^A	R_6^B	R_7^A	R_7^B
	(1)	(2)	(3)	(4)	(5)
正态分布	2.2243	5.4449	1.9415	6.4250	2.0931
逻辑斯谛分布	1.8760	5.2218	1.7552	6.0490	1.7330
均匀分布	5516.270	6207.980	3631.180	4226.032	3446.153
指数分布	3261.335	9374.817	2340.855	10973.15	2265.367
最小的修正 Anderson-Darling 值	1.8760	5.2218	1.7552	6.0490	1.7330
最优分布	逻辑斯谛分布	逻辑斯谛分布	逻辑斯谛分布	逻辑斯谛分布	逻辑斯谛分布

表注：指标 R_6^A、R_6^B 的样本数据时间区段为 1989—2018 年；其他指标的时间区段都为 1988—2018 年。

表 4-30 的分布检验结果表明，采用 Anderson-Darling 检验法，对于所有的短日照测度指标 $R_j^A(j=3,4,5,6,7)$、$R_j^B(j=3,4,5,6,7)$，它们的最优分布都是逻辑斯谛分布。

对于每一个短日照测度指标 $R_j^A(j=3,4,5,6,7)$、$R_j^B(j=3,4,5,6,7)$，再以最大似然法估计相应最优分布——逻辑斯谛分布的参数值，列于表 4-31 的第(2)列中。其中，μ 表示逻辑斯谛分布的位置参数，s 表示其形状参数。

对于服从逻辑斯谛分布的变量 x，其参数为位置参数 μ 和形状参数 s，前已证明，$E(X)=\mu$。这里，短日照测度指标 $R_j^A(j=3,4,5,6,7)$、$R_j^B(j=3,4,5,6,7)$的最优分布都是逻辑斯谛分布，那么，这些指标的数学期望等于其相应的位置参数 μ。据此，可以估计出每一个短日照测度指标的数学期望值，列于表 4-31 的第(3)列中。

表 4-31 短日照测度指标的期望值估计

指标	最优分布	参数估计值	期望值(小时)
	(1)	(2)	(3)
R_3^A	逻辑斯谛分布	μ=3.5811(0.0358), s=5.5938(0.0000)	3.5811
R_3^B	逻辑斯谛分布	μ=10.5467(0.0002), s=8.9610(0.0000)	10.5467
R_4^A	逻辑斯谛分布	μ=4.6579(0.0320), s=7.0794(0.0000)	4.6579
R_4^B	逻辑斯谛分布	μ=11.6516(0.0004), s=10.4901(0.0000)	11.6516
R_5^A	逻辑斯谛分布	μ=2.4428(0.0698), s=4.6629(0.0000)	2.4428
R_5^B	逻辑斯谛分布	μ=12.7891(0.0001), s=10.8083(0.0000)	12.7891
R_6^A	逻辑斯谛分布	μ=3.9810(0.0328), s=6.0631(0.0000)	3.9810
R_6^B	逻辑斯谛分布	μ=16.9710(0.0000), s=12.7954(0.0000)	16.9710
R_7^A	逻辑斯谛分布	μ=6.0660(0.0606), s=11.0100(0.0000)	6.0660
R_7^B	逻辑斯谛分布	μ=25.3303(0.0001), s=20.3597(0.0000)	25.3303

注：① 样本数据时间区段：指标 R_6^A、R_6^B 为 1989—2018 年，其他指标均为 1988—2018 年；② 第(2)列中，括号内数据为相应参数估计对应的 P 值。

表 4-31 表明，各短日照测度指标的数学期望分别是：$E(R_3^A)=3.5811$，$E(R_3^B)=10.5467$，$E(R_4^A)=4.6579$，$E(R_4^B)=11.6516$，$E(R_5^A)=2.4428$，$E(R_5^B)=12.7891$，$E(R_6^A)=3.9810$，$E(R_6^B)=16.9710$，$E(R_7^A)=6.0660$，$E(R_7^B)=25.3303$。

2. 费率厘定

根据气候减产率与短日照测度指标的定量关系，结合短日照测度指标的期望值，即可厘定短日照保险的纯费率。根据表 4-29 的第(1)列，表 4-31 的第(3)列，利用式(4-30)，或者式(4-31)，可以计算出短日照天气指数保险的纯费率。

例如，当赔付概率为 40% 时，长沙县早稻作物 3 月短日照天气指数保险的纯费率为：

$$R_{C,3}^A=E[f(R_3^A)]=0.001369\times3.5811\times100\%=0.4902\%$$

当赔付概率为 60% 时，长沙县早稻作物 3 月短日照天气指数保险的纯费率为：

$$R_{C,3}^B=E[f(R_3^B)]=0.000922\times10.5467\times100\%=0.9724\%$$

与此类似，当短日照保险的赔付概率为 40%或 60%时，计算出 3—7 月短日照天气指数保险的纯费率一并列于表 4-32 的第(1)、(2)列中。这里，统筹考虑保险人的财务安全因素、营业费用因素、预定节余因素等，假定系数为 1.8，得到短日照天气指数保险的费率列于第(3)、(4)列。

表 4-32　不同赔付概率下短日照天气指数保险费率厘定结果

月份	种类	不同赔付概率下的纯费率(%)		不同赔付概率下的费率(%)	
		40%	60%	40%	60%
		(1)	(2)	(3)	(4)
3	短日照保险	0.4902	0.9724	0.8823	1.7503
4	短日照保险	0.4797	0.9472	0.8634	1.7049
5	短日照保险	0.4021	0.9292	0.7237	1.6725
6	短日照保险	0.3171	0.8860	0.5707	1.5948
7	短日照保险	0.2104	0.8485	0.3787	1.5273

表 4-32 中的费率，现以 0.8823%为例来说明其含义：这是在短日照保险赔付概率为 40%的前提下，根据 1987—2018 年的时序数据厘定的长沙县早稻作物 3 月短日照天气指数保险的费率；短日照保险的触发值按$\hat{R}_3-z_{\alpha/2}S_3$ 计算，如 2019 年 3

月的短日照保险的触发值为70.24小时,若3月的实际日照时间低于70.24小时则视为短日照灾害发生,保险公司应当给予赔付,保险公司短日照赔付的概率为40%;如果设定每亩保险金额为300元,则被保险人每亩需要交纳保费额为300元×0.8823%=2.65元。

从这一费率厘定结果的表4-32可以看出:

一是从3月到7月,费率呈下降的趋势。当赔付概率为40%时,3月费率为0.8823%,7月则降到了0.3787%;当赔付概率为60%时,3月费率为1.7503%,7月降到了1.5273%。前面根据1987—2018年3—7月的日照时间资料进行了计算,3—7月的日照时间在32年间的平均数分别是78.96小时、109.04小时、138.15小时、145.63小时、233.83小时。可以看出,从3月到7月,日照时间呈明显的上升趋势,短日照的可能性逐月减小,短日照对单产降低的影响也会逐月减小。而费率是因短日照导致的单产降低率的期望值,所以,短日照天气指数保险的费率也就有下降的趋势。

二是短日照保险的赔付概率越大,费率越高。从实证结论可以看出,无论哪一个月份,短日照保险赔付概率为60%时的费率都显著高于赔付概率为40%时的费率。这是因为对于短日照天气指数保险,赔付概率越大,短日照触发值就越高,短日照测度指标=max{触发值−实际日照时间,0},则短日照测度指标也越大,短日照灾害越严重,单产下降越多,费率就越高。

(六)政府保费补贴支出的测算

为计算各级政府的短日照天气指数保险的保费补贴支出,现提出如下假设:

假设1:早稻作物短日照天气指数保险的保额为其趋势单产 $\hat{X}$。趋势单产就是没有遭受灾害时的正常单产,这就是说,农民规避短日照风险,旨在达到正常年份的正常收入水平。假设2:在早稻作物3—7月5个月的生长期间,设定3—7月每月每公顷的保额均为其趋势单产的五分之一,即 $\hat{X}/5$。假设3:中央、省、市(县)政府保费补贴支出占保费收入的比例分别为40%、25%、10%。

对于长沙县早稻作物的趋势单产 $\hat{X}$,前面已经求得 $\hat{X}$ 的期望值为:$E(\hat{X}) = 6077.5416$(公斤/公顷)。根据式(4-32),单位面积的政府保费补贴支出 $d_{i(j)} = \alpha_i R_j f_j E(\hat{X})$,$i = 1,2,3$; $j = 3,4,5,6,7$。据此可以计算出中央、省、市(县)政府的保费补贴支出。

当短日照保险赔付概率为40%时,政府保费补贴支出的测算如表4-33所示。

以3月为例：赔付概率为40%时，根据假设2，3月份短日照保险保额为$f_3\hat{X}=\hat{X}/5$，年均保额为$f_3E(\hat{X})=E(\hat{X})/5$。3月短日照保险费率$R_3=0.8823\%$，则单位面积保费收入的数学期望值 = 费率 × 年均保额 = $R_jf_jE(\hat{X})=R_3f_3E(\hat{X})=R_3E(\hat{X})\times(1/5)=0.8823\%\times6077.5416\times0.2=10.7244$（公斤/公顷）。则中央、省、市（县）政府单位面积的年均保费补贴分别为$\alpha_1R_3f_3E(\hat{X})$、$\alpha_2R_3f_3E(\hat{X})$、$a_3R_3f_3E(\hat{X})$，即4.2897公斤/公顷、2.6811公斤/公顷、1.0724公斤/公顷。

类似地，可以求得其他月份在赔付概率为40%情况下中央、省、市（县）政府单位面积政府保费补贴支出的期望值，一并列于表4-33中。

表4-33　政府保费补贴支出测算表

（短日照保险赔付概率为40%时）

月份	各月权重	各月年均保额（公斤/公顷）	各月费率（%）	各月保费收入期望（公斤/公顷）
j	f_j	$f_jE(\hat{X})$	R_j	$R_jf_jE(\hat{X})$
3月	0.2	1215.5083	0.8823	10.7244
4月	0.2	1215.5083	0.8634	10.4947
5月	0.2	1215.5083	0.7237	8.7966
6月	0.2	1215.5083	0.5707	6.9369
7月	0.2	1215.5083	0.3787	4.6031
和	1.0	6077.5416	——	41.5558

月份	各月保费收入期望	保费补贴支出		
		中央政府	省政府	市（县）政府
	（公斤/公顷）	（公斤/公顷）	（公斤/公顷）	（公斤/公顷）
j	$R_jf_jE(\hat{X})$	$\alpha_1R_jf_jE(\hat{X})$（$\alpha_1=40\%$）	$\alpha_2R_jf_jE(\hat{X})$（$\alpha_2=25\%$）	$a_3R_jf_jE(\hat{X})$（$\alpha_3=10\%$）
3月	10.7244	4.2897	2.6811	1.0724
4月	10.4947	4.1978	2.6236	1.0494
5月	8.7966	3.5186	2.1991	0.8796
6月	6.9369	2.7747	1.7342	0.6936
7月	4.6031	1.8412	1.1507	0.4603
和	41.5558	16.6223	10.3889	4.1555

表 4-33 表明，对于长沙县早稻作物短日照保险，在赔付概率为 40％时，中央、省、市（县）政府单位面积的年均政府保费补贴支出分别为 16.6223 公斤/公顷、10.3889 公斤/公顷、4.1555 公斤/公顷。如果按照早稻作物平均价格为 140 元/50 公斤进行换算，中央、省、市（县）政府单位面积的年均政府保费补贴支出分别为 3.11 元/亩、1.94 元/亩、0.78 元/亩。

当赔付概率为 60％时，政府保费补贴支出的测算如表 4-34 所示。

表 4-34　政府保费补贴支出测算表

（短日照保险赔付概率为 60％时）

月份	各月权重	各月年均保额（公斤/公顷）	各月费率（％）	各月保费收入期望（公斤/公顷）
j	f_j	$f_jE(\hat{X})$	R_j	$R_jf_jE(\hat{X})$
3 月	0.2	1215.5083	1.7503	21.2750
4 月	0.2	1215.5083	1.7049	20.7232
5 月	0.2	1215.5083	1.6725	20.3293
6 月	0.2	1215.5083	1.5948	19.3849
7 月	0.2	1215.5083	1.5273	18.5644
和	1.0	6077.5416	——	100.2770

月份	各月保费收入期望	保费补贴支出		
		中央政府	省政府	市（县）政府
	（公斤/公顷）	（公斤/公顷）	（公斤/公顷）	（公斤/公顷）
j	$R_jf_jE(\hat{X})$	$\alpha_1R_jf_jE(\hat{X})$ $(\alpha_1=40\%)$	$\alpha_2R_jf_jE(\hat{X})$ $(\alpha_2=25\%)$	$\alpha_3R_jf_jE(\hat{X})$ $(\alpha_3=10\%)$
3 月	21.2750	8.5100	5.3187	2.1275
4 月	20.7232	8.2892	5.1808	2.0723
5 月	20.3293	8.1317	5.0823	2.0329
6 月	19.3849	7.7539	4.8462	1.9384
7 月	18.5644	7.4257	4.6411	1.8564
和	100.2770	40.1108	25.0692	10.0277

以 3 月为例：赔付概率为 60％时，根据前述的假设 2，3 月短日照保险的保额为 $f_3\hat{X}=\hat{X}/5$，年均保额为 $f_3E(\hat{X})=E(\hat{X})/5$。3 月短日照保险费率为 $R_3=1.7503\%$，则单位面积（公顷）的保费收入的期望＝费率×年均保额＝$R_jf_jE(\hat{X})=$

$R_3 f_3 E(\hat{X}) = R_3 E(\hat{X}) \times (1/5) = 1.7503\% \times 6077.5416 \times 0.2 = 21.2750$（公斤/公顷）。则中央、省、市（县）政府单位面积的年均保费补贴分别为 $\alpha_1 R_3 f_3 E(\hat{X})$、$\alpha_2 R_3 f_3 E(\hat{X})$、$a_3 R_3 f_3 E(\hat{X})$，即 8.5100 公斤/公顷、5.3188 公斤/公顷、2.1275 公斤/公顷。类似地，可以求得其他月份在赔付概率为 60%情况下中央、省、市（县）政府单位面积政府保费补贴支出的期望值，一并列于表 4-34 中。

表 4-34 表明，针对 3—7 月，分月计算了中央、省、市（县）政府需要承担的保费补贴支出，各月保费补贴支出之和，即为早稻作物整个生长期中央、省、市（县）政府需要承担的保费补贴支出。

对于长沙县早稻作物的短日照保险，在短日照保险赔付概率为 60%的情况下，按照中央、省、市（县）政府的保费补贴支出占保险公司保费收入的 40%、25%、10%的比例来进行计算，则中央、省、市（县）政府单位面积的年均政府保费补贴支出分别为 40.1108 公斤/公顷、25.0692 公斤/公顷、10.0277 公斤/公顷。如果按照早稻作物平均价格为 140 元/50 公斤进行换算，中央、省、市（县）政府单位面积的年均政府保费补贴支出分别为 7.49 元/亩、4.68 元/亩、1.87 元/亩。

(七)实证结论分析

以长沙县早稻作物短日照天气指数保险为例，在中央、省、市（县）政府的保费补贴支出占保险公司保费收入的比例为 40%、25%、10%的情况下，分月度地测算了赔付概率取 40%、60%时中央、省、市（县）政府单位面积的政府保费补贴支出，测算结果一并列于表 4-35 中。

表 4-35　长沙县早稻短日照保险的政府补贴支出

月份	保费补贴支出（公斤/公顷）					
	短日照保险赔付概率为 40%			短日照保险赔付概率为 60%		
	中央政府	省政府	市（县）政府	中央政府	省政府	市（县）政府
3 月	4.2897	2.6811	1.0724	8.5100	5.3187	2.1275
4 月	4.1978	2.6236	1.0494	8.2892	5.1808	2.0723
5 月	3.5186	2.1991	0.8796	8.1317	5.0823	2.0329
6 月	2.7747	1.7342	0.6936	7.7539	4.8462	1.9384
7 月	1.8412	1.1507	0.4603	7.4257	4.6411	1.8564
和（公斤/公顷）	16.6223	10.3889	4.1555	40.1108	25.0692	10.0277
和（元/亩）	3.11	1.94	0.78	7.49	4.68	1.87

分析实证结论的表4-35，可以看出：

(1) 从短日照保险单位面积的政府年均保费补贴来分析。如果中央、省、市(县)政府财政补贴占保费的比例按40%、25%、10%来计算，当赔付概率为40%时，中央、省、市(县)政府每亩年均补贴分别为3.11元、1.94元、0.78元；当赔付概率为60%时，中央、省、市(县)政府每亩年均补贴分别为7.49元、4.68元、1.87元。当赔付概率变化时，每亩年均保费补贴也会随之发生变化。

(2) 从短日照保险政府年均保费补贴总额来分析。如果长沙县早稻作物投保面积为50万亩，当赔付概率为40%时，中央、省、市(县)政府年均财政保费补贴总额分别为155.5万元、97万元、39万元；当赔付概率为60%时，中央、省、市(县)政府年均财政保费补贴总额分别为374.5万元、234万元、93.5万元。当赔付概率变化时，年均保费补贴总额也会随之发生变化。

(3) 从市(县)政府保费补贴的支付能力来分析。长沙县2018年实现地区生产总值1509.3亿元，全年实现财政总收入356.4亿元。对于长沙县早稻作物的短日照保险，当保险公司赔付概率为40%时，市(县)政府年均保费补贴总额为39万元，约占地区生产总值的0.0002584%，占全年财政总收入的0.0010943%；当保险公司赔付概率为60%时，市(县)政府年均保费补贴总额为93.5万元，约占地区生产总值的0.0006195%，占全年财政总收入的0.0026235%。

(4) 短日照保险赔付概率越大，政府保费补贴就越多。当短日照保险赔付概率为60%时，中央、省、市(县)政府单位面积的年均政府保费补贴支出分别为7.49元/亩、4.68元/亩、1.87元/亩。当短日照保险赔付概率降为40%时，中央、省、市(县)政府单位面积的年均政府保费补贴支出分别下降为3.11元/亩、1.94元/亩、0.78元/亩。这表明，短日照保险赔付概率越大，政府保费补贴就越多。

实际日照时数低于短日照保险触发值的概率，即为短日照保险的赔付概率。当短日照保险的赔付概率越大时，例如，由40%增大到60%，短日照保险触发值就越高，短日照测度指标值(=max{低温触发值－实际气温，0})就越大，短日照灾害越严重，因短日照导致的气候减产率也就越大，费率也就越高，所交保费越多，政府的保费补贴支出就越多。

三、结论

测算短日照保险的政府保费补贴支出的方法是：首先分析气候因素导致粮食作物减产的程度，计算气候减产率；再基于概率分布理论、统计理论与方法在一定的赔付概率下确定短日照保险的触发值，基于触发值设计短日照测度指标，测算短日照灾害的严重程度；然后利用计量经济学理论与方法，构建了气候减产率关于短日照测度指标的计量模型，根据模型确定短日照因素对单产降低的影响程度；再利用分布理论，测算短日照测度指标的期望；最后根据该计量模型体现的影响程度和短日照测度指标的期望值，采用保险费率厘定的参数法思路，厘定出短日照保险的费率，进而按照政府保费补贴占保费收入的比例，测算出政府的保费补贴支出。

测算政府保费补贴支出的关键问题是保险费率的厘定。本部分探讨的短日照天气指数保险的费率厘定，较好地设置了短日照保险触发值，设计了短日照测度指标，并将保险公司的赔付概率、短日照触发值、保险费率、政府保费补贴支出有机地联系在一起，为探讨天气指数保险的费率厘定、测算相应的政府保费补贴支出提供了新思路。

第五章 不同风险分散制度政府支出的比较与政策建议

本章内容

- 不同风险分散制度政府支出的比较
- 政策建议

第一节 不同风险分散制度政府支出的比较

一、巨灾准备金制度下的政府保费补贴支出

以我国稻谷作物为例，选取的风险分散制度为巨灾风险准备金，基于1979—2018年的年度数据资料，采用极值理论GPD模型，测算了巨灾风险准备金制度下我国稻谷作物巨灾保险的政府保费补贴支出。

对于被保险人，保险公司单位面积的封顶赔付为其保费收入的 α 倍（例如，α 取150%、200%等）。这就是说，单位面积的赔付一旦超过保费收入的 α 倍，就启动国家级巨灾准备金。关于国家级巨灾准备金规模的测算，即政府保费补贴支出的测算，结果如表5-1所示。

表5-1表明，对于我国稻谷作物区域产量巨灾保险，保险标的为稻谷作物的单产水平，保障程度为100%（即只要实际单产低于趋势单产就应进行赔付），承保的风险为所有自然风险，假定投保面积等于播种面积，且全国稻谷平均价格为140元/50公斤，则：

表 5-1　我国稻谷作物区域产量巨灾保险政府保费补贴的测算结果

风险分散制度	种类	保险标的	保障程度	承保风险	费率	国家级巨灾准备金年均积累额	
						α	
						150%	200%
巨灾准备金	巨灾保险	我国稻谷作物的单产	100%	所有自然风险	分省厘定各省不同	481916万元	430044万元

(1) 当保险公司单位面积的封顶赔付为所收保费的150%时，国家级巨灾准备金年均积累额为481916万元，也就是政府年均补贴保费481916万元，则可以满足全国稻谷作物巨灾赔付的需要。

(2) 当保险公司单位面积的封顶赔付为所收保费的200%时，国家级巨灾准备金年均积累额为430044万元，也就是政府年均补贴保费430044万元，才能满足赔付的需要。

(3) 2018年，按当年价格计算，我国GDP达到900309亿元，第一产业增加值64734亿元。那么，每年大概需要动用GDP的0.54‰，或者第一产业增加值的7.44‰，就能应对灾损超过保费收入150%时的巨灾；如果每年动用GDP的0.48‰，或者第一产业增加值的6.64‰，就能应对灾损超过保费收入200%时的巨灾。

二、区域产量保险的政府保费补贴支出

以长沙县早稻作物为例，选取的风险分散制度为区域产量保险，基于1987—2018年的年度数据资料，采用非参数（核密度）估计法，厘定了长沙县早稻单产保险的保险费率，测算了政府保费补贴支出，如表5-2所示。

表 5-2　长沙县早稻作物区域产量保险的政府保费补贴支出

风险分散制度	保险标的	承保风险	保险费率	保费补贴支出（元/亩）		
				中央	省	市县
区域产量保险	早稻单产	所有自然风险	4.3256%	19.78	12.36	4.95

表5-2表明，当风险分散制度选用区域产量保险时，保险标的是早稻作物的单产水平，保障程度取100%，保额为单产趋势值$\hat{X}$，承保了所有的自然风险，假定早稻平均价格为140元/50公斤，并且中央、省、市（县）政府的保费补贴支出分别占

保费收入的比重为40%、25%、10%，则：

(1) 长沙县早稻单产保险的纯费率为2.1628%，保险费率为4.3256%。

(2) 中央、省、市(县)政府单位面积年均承担的保险补贴分别为：19.78元/亩、12.36元/亩、4.95元/亩。

(3) 如果长沙县早稻作物的投保面积为50万亩，中央、省、市县年均财政保费补贴支出分别为989万元、618万元、247.5万元。

(4) 2018年，按当年价格计算，长沙县实现地区生产总值1509.3亿元，全年实现财政总收入356.4亿元。对于长沙县早稻作物的区域产量保险，市(县)政府保费补贴支出为247.5万元，约占地区生产总值的0.00164%，占全年财政总收入的0.00694%。

三、天气指数保险的政府保费补贴支出

以长沙县早稻作物为例，选取的风险分散制度为天气指数保险，基于1987—2018年的月度、年度数据资料，采用概率分布理论设置天气指数保险的触发值，采用统计理论和方法设计气象灾害测度指标，采用计量理论与方法测算气象灾害对气候减产率的影响程度，采用分布理论求得气象灾害测度指标的期望值，从而厘定天气指数保险的费率，包括干旱、低温、短日照天气指数保险的费率，并测算了相应的政府保费补贴支出。

(一)费率厘定的结果

按照财产保险厘定纯费率的思路，财产保险纯费率即为财产损失率的期望值。这里，根据前述气候减产率的计算公式可以看出，粮食作物的气候减产率实际上就是因气候因素导致的损失率，所以，粮食作物天气指数保险的纯费率，也就是因天气因素导致的气候减产率的期望值。由于在费率厘定过程中，分析了天气测度指标的分布形式，并求得其期望值，所以本书是按参数法的思路来厘定保险纯费率的。

从实际测算过程也可以看出，该研究方法是很合理的：通过建立计量模型求得灾害测度指标每变化一个单位导致气候减产率(即损失率)平均的变化程度，再计算灾害测度指标的期望值，即灾害测度指标的平均水平，进而求得纯费率、费率，如表5-3所示。

表 5-3　长沙县早稻作物天气指数保险的费率

风险分散制度	种类	保险标的	承保风险	保险费率(%)									
				赔付概率 40%时					赔付概率 60%时				
				3 月	4 月	5 月	6 月	7 月	3 月	4 月	5 月	6 月	7 月
天气指数保险	干旱保险	早稻单产	干旱风险	1.1305	0.4721	0.0628	0.3939	0.5290	2.3225	1.2313	0.7247	1.0453	1.0451
	低温保险	早稻单产	低温风险	1.2717	1.9416	1.2198	0.8775	0.5193	1.8775	2.6355	2.6641	1.5651	0.9829
	短日照保险	早稻单产	短日照风险	0.8823	0.8634	0.7237	0.5707	0.3787	1.7503	1.7049	1.6725	1.5948	1.5273

表 5-3 表明：

对于干旱天气指数保险，赔付概率为 40%时，3 月份费率最高(1.1305%)，5 月份费率最低(0.0628%)；赔付概率为 60%时，3 月份费率最高(2.3225%)，5 月份费率最低(0.7247%)。

对于低温天气指数保险，赔付概率为 40%时，4 月份费率最高(1.9416%)，7 月份费率最低(0.5193%)；赔付概率为 60%时，3 月份费率最高(2.3225%)，5 月份费率最低(0.7247%)。

对于短日照天气指数保险，赔付概率为 40%时，3 月份费率最高(0.8823%)，7 月份费率最低(0.3787%)；赔付概率为 60%时，3 月份费率最高(1.7503%)，7 月份费率最低(1.5273%)。

上述结果，是由于两个方面的因素共同作用形成的：一是灾害测度指标(干旱测度指标、低温测度指标、短日照测度指标)对气候减产率的影响程度，费率随影响程度成正比例变化。这种影响程度是通过建立气候减产率关于灾害测度指标的计量模型进行测算的。二是灾害测度指标的期望值，费率随期望值成正比例变化。

对于同一月份，赔付概率越大，费率越高。3—7 月中的任何一个月份，无论是何种灾害保险(干旱保险、低温保险、短日照保险)，赔付概率为 60%时的保险费率都显著高于赔付概率为40%时的保险费率。这是因为：对于干旱、低温、短日照任何一种灾害保险，当赔付概率越大时，干旱、低温、短日照的触发值就越高，灾害测度指标（干旱测度指标、低温测度指标、短日照测度指标）也越大，期望值也就越大，费率也就越高。

(二)政府保费补贴支出的测算结果

测算政府保费补贴支出前，先提出三个假设：

假设一：在早稻作物3—7月5个月的生长期间内，每月每公顷的保额均为其趋势单产的五分之一，即 $\hat{X}/5$；

假设二：中央、省、市（县）政府保费补贴支出占保费收入的比重分别为40%、25%、10%；

假设三：长沙县早稻作物的投保面积为50万亩。

在厘定保险费率的基础上，利用保费＝费率×保额，再依据中央、省、市（县）政府保费补贴支出占保费收入的比重，可测算出中央、省、市县各级政府承担的保费补贴支出。

1. 单位面积保费补贴支出

当面积采用"亩"为单位时，中央、省、市（县）政府单位面积的保费补贴支出如表5-4所示。

表5-4　长沙县早稻作物天气指数保险的单位面积政府补贴支出

风险分散制度	种类	政府保费补贴支出（元/亩）					
		赔付概率40%时			赔付概率60%时		
		中央	省	市县	中央	省	市县
天气指数保险	干旱保险	2.35	1.47	0.59	5.78	3.61	1.44
	低温保险	5.29	3.31	1.32	8.82	5.51	2.21
	短日照保险	3.11	1.94	0.78	7.49	4.68	1.87

表5-4表明：

(1) 对于干旱保险，当赔付概率为40%时，中央、省、市（县）政府每亩年均补贴分别为2.35元、1.47元、0.59元；当赔付概率为60%时，中央、省、市（县）政府每亩年均补贴分别为5.78元、3.61元、1.44元。

(2) 对于低温保险，当赔付概率为40%时，中央、省、市（县）政府每亩年均补贴分别为5.29元、3.31元、1.32元；当赔付概率为60%时，中央、省、市(县)政府每亩年均补贴分别为8.82元、5.51元、2.21元。

(3) 对于短日照保险，当赔付概率为40%时，中央、省、市(县)政府每亩年均补贴分别为3.11元、1.94元、0.78元；当赔付概率为60%时，中央、省、市(县)政府每亩年均补贴分别为7.49元、4.68元、1.87元。

(4) 当赔付概率增大时，每亩年均保费补贴也会随之增加。以干旱保险为例，实际降水量低于干旱触发值的概率为干旱保险的赔付概率。当赔付概率越大时，干旱保险触发值就越高，干旱测度指标(=max{干旱触发值-实际降水量,0})就越大，干旱灾害越严重，因干旱导致的气候减产率也就越大，费率也就越高，所交保费越多，政府的保费补贴支出也就越多。

2. 保费补贴总额支出

假定长沙县早稻作物的投保面积为50万亩，根据表5-4单位面积政府补贴支出情况，可以计算出长沙县早稻作物天气指数保险的政府补贴总额支出，如表5-5所示。

表5-5 长沙县早稻作物天气指数保险的政府补贴总额支出

风险分散制度	种类	政府保费补贴总额支出(万元)					
		赔付概率40%时			赔付概率60%时		
		中央	省	市县	中央	省	市县
天气指数保险	干旱保险	117.5	73.5	29.5	289	180.5	72
	低温保险	264.5	165.5	66	441	275.5	110.5
	短日照保险	155.5	97	39	374.5	234	93.5

表5-5表明：

(1) 对于干旱保险，当保险赔付概率为40%时，中央、省、市(县)政府年均财政保费补贴支出总额分别为117.5万元、73.5万元、29.5万元；当保险赔付概率为60%时，中央、省、市(县)政府年均财政保费补贴支出总额分别为289万元、180.5万元、72万元。

(2) 对于低温保险，当保险赔付概率为40%时，中央、省、市(县)政府年均财政保费补贴支出总额分别为264.5万元、165.5万元、66万元；当保险赔付概率为60%时，中央、省、市(县)政府年均财政保费补贴支出总额分别为441万元、275.5万元、110.5万元。

(3) 对于短日照保险，当保险赔付概率为40%时，中央、省、市(县)政府年均财政保费补贴支出总额分别为155.5万元、97万元、39万元；当保险赔付概率为60%时，中央、省、市(县)政府年均财政保费补贴支出总额分别为374.5万元、234万元、93.5万元。

3. 市(县)政府保费补贴总额的支付能力

根据《长沙统计年鉴》(2019)提供的数据资料，长沙县2018年实现地区生产总值1509.3亿元，全年实现财政总收入356.4亿元，根据表5-5中的市(县)政府需要承担的保费补贴支出，可以了解市(县)政府支付保费补贴的能力，如表5-6所示。

表5-6　长沙县早稻作物天气指数保险市(县)政府的保费补贴支付能力

风险分散制度	种类	市(县)政府保费补贴					
		赔付概率40%时			赔付概率60%时		
		支付额(万元)	占地区GDP比重(‰)	占财政总收入比重(‰)	支付额(万元)	占地区GDP比重(‰)	占财政总收入比重(‰)
天气指数保险	干旱保险	29.5	0.019545	0.082772	72	0.047704	0.20202
	低温保险	66	0.0437	0.1852	110.5	0.0732	0.310
	短日照保险	39	0.02584	0.10943	93.5	0.06195	0.26235

表5-6表明：

(1) 对于干旱保险，当赔付概率为40%时，市(县)政府年均保费补贴总额为29.5万元，约占地区生产总值的0.019545‰，占全年财政总收入的0.082772‰；当赔付概率为60%时，市(县)政府年均保费补贴总额为72万元，约占地区生产总值的0.047704‰，占全年财政总收入的0.20202‰。

(2) 对于低温保险，当赔付概率为40%时，市(县)政府年均保费补贴总额为66万元，约占地区生产总值的0.0437‰，占全年财政总收入的0.1852‰；当保险公司赔付概率为60%时，市(县)政府年均保费补贴总额为110.5万元，约占地区生产总值的0.0732‰，占全年财政总收入的0.310‰。

(3) 对于短日照保险，当赔付概率为40%时，市(县)政府年均保费补贴总额为39万元，约占地区生产总值的0.02584‰，占全年财政总收入的0.10943‰；当保险公司赔付概率为60%时，市(县)政府年均保费补贴总额为93.5万元，约占地区生产总值的0.06195‰，占全年财政总收入的0.26235‰。

第二节 政策建议

一、建立国家级巨灾准备金,应对粮食作物巨灾保险的赔付需要

测算粮食作物国家级巨灾准备金的年均积累额,首先需要基于极值理论 GPD 模型界定巨灾,再以参数法厘定巨灾保险的费率,进而计算各年份超出保险机构封顶赔付的灾损额,判断其分布,根据适当的分布形式得到国家级巨灾准备金承担损失额的年期望值。

以我国稻谷作物为例,实证表明,当保障程度为 100%,即实际单产低于趋势单产保险公司即实施赔付的前提下,当单位面积的灾损达到了单位面积所缴保费的 150%以上时即启动国家级巨灾准备金进行超额赔付,那么,长期来看,国家级巨灾准备金应当年均积累 481916 万元,才能满足巨灾赔付需要;如果达到 200%以上即启动国家级巨灾准备金进行超额赔付,则要求国家级巨灾准备金年均积累 430044 万元,以满足巨灾赔付。

2018 年,按当年价格计算,我国 GDP 达到 900309 亿元,第一产业增加值 64734 亿元。那么,大约需要每年动用 GDP 的 0.54‰,或者第一产业增加值的 7.44‰,才能应对灾损超过保费收入 150%的巨灾;每年动用 GDP 的 0.48‰,或者第一产业增加值的 6.64‰,才能应对灾损超过保费收入 200%的巨灾。这说明,我国建立粮食作物的国家级巨灾准备金,不仅是必要的,而且也是可行的。

建立粮食作物的国家级巨灾准备金,其资金来源可以是多方面的。国家级巨灾准备金是应付粮食作物巨灾风险损失的较好办法之一,是我国政策性农业保险的一个创新,对于巨灾情况下确保我国粮食安全具有重要的意义。巨灾准备金的资金来源,主要依靠各级政府的财政补贴和财政预算拨款。此外,还可以包括以下来源:一是国家粮食风险基金。当自然灾害等原因导致国内粮食发生短缺情况时,必然会伴随粮食价格的明显波动,国家为了平抑粮食市场价格而储备了国家粮食风险基金,可以从国家粮食风险基金中每年按照一定的比例补贴巨灾准备金。二是保费收入。对于经营粮食作物保险的保险公司和再保险公司,按照粮食作物保费收入的一定比例投入巨灾准备金。三是资本市场筹集资金。在资本市场上发行一定数量的巨灾风险准备金债券,通过这种融资的方式引进资金,储备巨灾准备

金。四是其他的途径。例如,保险公司经营粮食作物保险的税收减免部分,粮食作物防灾、减灾、救灾的专项支出部分,等等。

对于筹集的粮食作物国家级巨灾准备金,应当进行专项化管理。其一,进行资金归集管理。要设立专门的巨灾准备金管理机构,在托管银行开设独立的巨灾准备金归集专用账户和投资专用账户,建立资金调拨和监测督查机制,确保巨灾准备金能够统一调拨和集中配置。其二,加强资金投资管理。建立巨灾准备金的目的,就是要在巨灾年份能够及时、足额地对投保农户进行赔付。所以,对于筹集的巨灾准备金,要加强管理,特别是投资管理,确保巨灾准备金保值增值,这是能够在巨灾发生时及时赔付的关键所在。巨灾准备金的投资原则是安全性、流动性和收益性。安全性是巨灾准备金投资的基础,是巨灾准备金投资最重要的原则,事关政策性保险的成败;流动性是巨灾准备金投资的前提,是安全性的保证,流动性原则要求在巨灾准备金的投资过程中,在不承受价格风险或者价格风险很小的前提下能够随时变现以应对巨灾到来时的赔付需要;收益性巨灾准备金投资的最终目标,是指通过运用科学的投资方法,通过具体的投资活动实现巨灾准备金的收益最大化。巨灾准备金管理机构应当就巨灾准备金的投资范围、投资对象、投资比例进行明确规定,进行资产配置,制定投资规划,并选择合格的受托机构进行投资,在确保巨灾准备金安全性、流动性的前提下,达到巨灾准备金保值增值的目的。其三,及时进行信息披露。在没有发生巨灾的年份,要逐年积累巨灾准备金,只通过增加准备金和投资的方式使其保值增值,但不使用巨灾准备金。一旦发生巨灾,当灾损超过保险公司的支付能力或者灾损达到事先设定的上限时,就可以启动巨灾准备金用于超赔支付。巨灾准备金的专门管理机构对巨灾准备金的归集、投资、使用等情况,应当准确、及时、详细、全面地向各方当事人如实披露。

粮食作物的国家级巨灾准备金的运用方式可以包括这些方面:对于经营粮食作物保险业务的保险公司,如果遭遇了巨灾损失且符合相关的规定,给予补偿;对于在粮食作物育种技术、栽培技术方面有重大创新,明显提升粮食作物抵御巨灾风险能力的科研成果,给予奖励;对于积极兴修水利、加强农田灌溉设施建设的地区,如果能够明显提升抗灾能力、预防洪涝、干旱灾害的发生,给予补偿;对于研究我国灾害发生规律、建立粮食作物风险预警系统的灾情研究机构,给予支持和补偿;等等。

二、丰富区域产量保险产品、天气指数保险产品

区域产量保险和天气指数保险的共同优势在于：有效避免了道德风险和逆选择；赔付直接明了，公正迅速，减少了理赔纠纷，提高了理赔效率；经营成本、管理成本减少，降低了附加费率；保险产品透明且标准化，流通性增强，再保险接受程度提高；等等。

区域产量保险和天气指数保险也各具特色。区域产量保险以区域单产作为保险标的，承保的是多重风险，它的纯费率较高。天气指数保险也以作物单产作为保险标的，承保的是指定的某一种或者某几种风险，如干旱风险、低温风险、短日照风险等，这样，它的纯费率自然相对较低。两者比较，相对于区域产量保险，天气指数保险的一个明显优势是能承保指定的风险，在风险控制上效率更高。保险公司可以根据投保人的不同需求选择提供区域产量保险产品或者天气指数保险产品。

区域产量保险和天气指数保险也有自身的局限性，即存在"基数风险"。"基数风险"主要来源于两个方面，一是指数选取不当，与产量损失指标的相关程度不大，对产量损失的解释能力有限；二是由于区域内的空间异质性较强，指数难以顾及整个区域。为了将"基数风险"降到最小，要立足于实地调研，确保天气指数与产量损失指标之间的定量关系准确可靠；还要在区域选择上尽量做到最小化，使指数对所选地区具有较大的代表性。本书的选择区域为长沙县，如果数据可得，选择乡镇甚至村组，定价将更加准确。

应当加大对粮食作物区域产量保险、天气指数保险产品的研发力度，加强调查研究，倾听各方意见，准确掌握农户的风险偏好，了解农户对保险产品的实际需求，逐步实现由单一保险品种向多层次保险品种的转变。目前来看，可以考虑设计如下两类保险产品：

一类是普惠性的粮食作物基本保险。这类普惠性的粮食作物基本保险属于福利保障，针对的是单个的贫困农户，即针对的是种植面积很小、自身收入不高、缺乏投保积极性的贫困农户，他们种植的稻谷、小麦、玉米、马铃薯等粮食作物，关系到他们的基本生存，是维持基本生活需要的必需品，对此应当实行全覆盖的基本保险制度，提供保基本生计、促社会稳定的普惠性粮食作物基本保险。这种保险产品，只提供较低的风险保障，保额较小，根据物化成本的大小进行设定，承保区域包括贫困农户粮食作物的所有种植区域，政府保费补贴由中央和省（自治区、直辖市）两级财政负责并全额补贴。

特别应考虑成片的贫困地区，其具有地形地貌复杂、农户地块高度分散、单个农户的种植面积很小等特征，粮食作物基本保险适宜采取区域产量保险的形式，即承保以某个区域为单位，如某个组或者某个村，当该区域范围内粮食作物在承保期间的实际平均产量低于保险合同的约定产量时，保险公司对该区域内所有投保农户都要进行赔偿。

这种保障适度、应保尽保、全额补贴的粮食作物基本保险产品是"保成本"的保险产品，为弱小的农户灾后恢复生产提供了一定的保障，对于维护农民最基本的生产生活，防止因灾致贫、因灾返贫具有重要的意义。

一类是拓展保额的粮食作物补充保险。这类拓展保额的粮食作物补充保险，主要针对从事粮食作物生产并且单季种植面积达到一定规模的新型农业经营主体，是指在普惠性粮食作物基本保险的基础上，额外投保补充保险，保障水平更高，属于"保收成"的保险产品。

相对于粮食作物基本保险，粮食作物补充保险的特点在于其保障水平具有较大的选择空间。该类产品的保障水平可以有较大的波动幅度，它允许具有不同风险偏好、不同经济承受能力的农户，根据自己风险管理的需要和保费支付能力，选择相应保障水平的保险产品，满足个性化的实际需求。

在享受政府保费补贴方面，粮食作物补充保险与基本保险具有不同之处。普惠性粮食作物基本保险属于政策性保险，有政府提供的保费补贴。补充保险属于商业保险，保险责任范围与相关品种的政策性保险大致相同，没有政府保费补贴。粮食作物补充保险提升了保障程度，增强了新型经营主体抵御自然灾害的能力。

粮食作物补充保险，可以采用区域产量保险产品。补充保险主要面向具有一定生产规模的新型农业生产主体，粮食作物的种植面积比较大，也比较集中，种植范围内的气象条件基本相似，区域产量保险产品是比较适宜的。在一些条件具备的地区，例如能够提供系统完备的气象数据的气象观测站，如果农户有投保某一种或者某几种风险的需求，也可以采用天气指数保险产品。

三、加强精算工作，努力推进天气指数保险

无论是理论界还是管理层，都已经将天气指数保险作为农业保险的重要补充。本书对天气指数保险的费率厘定、政府补贴测算的方法进行了较深入的探讨，为政府能"心中有数"地发展天气指数保险提供重要参考。

天气指数保险的费率厘定、政府保费补贴测算的方法是：第一步，基于概率分布理论，在一定的赔付概率下，设置天气指数保险的触发值，如干旱触发值、低温触发值、短日照触发值；第二步，设计并计算气候减产率指标，分析气候因素导致粮食作物减产的程度；第三步，采用统计理论和方法设计气象灾害测度指标，反映灾害的严重程度。如干旱测度指标反映干旱灾害的严重程度，低温测度指标反映低温灾害的严重程度，短日照测度指标反映短日照灾害的严重程度；第四步，借助计量经济分析方法，构建气候减产率关于气象灾害测度指标（干旱测度指标、低温测度指标、短日照测度指标）的计量模型，测算气象灾害测度指标每变化一个单位对气候减产率的影响程度；第五步，采用分布理论求得气象灾害测度指标的期望值，反映某种气象灾害（干旱、低温、短日照等）的历年平均水平；第六步，基于气象灾害的历年平均水平及其每变化一个单位对气候减产率的影响程度，根据财产保险纯费率厘定的思路，求出气候减产率的期望值，厘定出天气指数保险的费率；第七步，根据保费＝费率×保额，以及各级政府对保费的补贴比例，估计中央、省、市县政府的保费补贴支出。

该研究方法的特点在于，一是天气指数保险定价的每一步都具有充分的理论依据，包括：触发值的设置以概率分布理论为基础，设计气象灾害测度指标以统计指数理论为基础，气候减产率关于气象灾害测度指标的模型以计量经济理论为基础，厘定保险费率以财产保险厘定费率的参数法为基础。二是保险费率、政府保费补贴支出都随赔付概率的变化而变化，更符合实际。因为赔付概率变化时，触发值会相应变化，灾害测度指标也随之变化，灾害测度指标的期望值以及它对气象减产率的影响程度都会发生变化，从而影响到费率和政府保费补贴支出。三是把赔付概率、触发值、保险定价、政府保费补贴支出有机地联系在一起，为政府根据自身财力选择赔付概率提供了依据。该研究方法为探讨天气指数保险的费率厘定、测算相应的政府保费补贴支出提供了新思路。

实施、推广天气指数保险，需要加大精算人才的培养力度。与其他行业的保险相比，我国农业保险的发展历程并不长，并且断断续续，因而精算人才和专业人才比较匮乏。天气指数保险是农业保险的重要创新，是新鲜事物，如何更加准确地厘定天气指数保险的费率，如何科学地设置天气指数保险方案，都是亟待解决的难题，都需要专门的人才进行探讨。保险精算师除了需要具备扎实的专业基础之外，还必须具有财政预算、农业经济、农田水利、环境气候等方面的知识，这些知识必须经过专业学习、专业培训才能获取。高等院校、保险公司应当在政府的支持下，共同携手，采取措施，解决人才缺乏的问题，例如，可以增大保险精算师的招生比例，组建相关的培训中心，等等。同时，还应当积极吸收国外的保险精算知识，借鉴国外实施天气指数保险的有关经验，确保我国精算业跟上国际发展的趋势，并结合我国实际情况，按照农村经济体制改革的需求和土地流转的新形势，确保精算行业为各地实施、推广天气指数保险提供较好的服务。

附 录

附表 1　各省(市、区)1979—2018 年稻谷作物单产数据表　（公斤/公顷）

年份	北京	天津	河北	山西	内蒙古
1979	3750.00	4087.50	5107.50	4837.50	2295.00
1980	5685.00	4815.00	5730.00	5670.00	2745.00
1981	4395.00	3675.00	5385.00	5962.50	2542.50
1982	5452.50	4672.50	5962.50	6210.00	2895.00
1983	5910.00	4207.50	6495.00	6862.50	2557.50
1984	5857.50	5595.00	5722.50	7185.00	3247.50
1985	5737.33	5637.15	6109.66	6796.88	3314.45
1986	6079.73	6084.91	6136.36	6219.51	3058.97
1987	6239.17	5886.70	6154.87	5454.55	2796.61
1988	6651.21	5654.68	6113.07	5491.07	3389.83
1989	6585.37	5599.73	6110.61	6090.23	3702.77
1990	4202.33	4128.84	4133.57	3913.04	2645.32
1991	6525.00	5730.00	5925.00	5895.00	3840.00
1992	6674.00	7023.00	6397.00	6279.00	4391.00
1993	7018.87	7644.23	6835.04	5733.33	4495.91
1994	7913.04	7930.17	7495.76	5909.09	4478.71
1995	7210.30	8087.32	7016.32	6562.50	5038.17
1996	6926.41	7682.33	6502.12	5517.24	5802.05
1997	6810.34	7695.78	6593.69	6229.51	5782.15
1998	6855.67	8308.82	6475.20	6557.38	5118.85
1999	6718.75	6579.38	6016.42	5555.56	5887.89
2000	6657.18	4093.22	4573.06	7240.62	6097.97
2001	6323.53	6509.19	5020.73	4509.80	6577.73
2002	6444.44	7516.78	5018.02	5714.29	6236.08
2003	6273.29	8071.43	5432.65	3987.14	6719.43
2004	6097.56	8103.87	5659.04	4050.00	6736.71
2005	5750.00	7293.41	5881.82	3358.21	7358.51
2006	6666.67	7168.92	5590.98	5056.18	6810.21
2007	6153.85	6968.64	6810.22	4162.84	7536.63
2008	6818.18	6997.34	6814.67	1228.07	7204.02
2009	6315.79	7018.09	6750.88	4385.96	6365.42
2010	6333.33	7093.10	6805.12	4423.08	8115.03
2011	6521.74	7528.09	7248.86	4901.96	8657.42
2012	6443.91	7657.53	5798.42	5940.59	8201.08
2013	6912.00	7685.90	6768.00	6836.70	7380.70
2014	6943.10	7414.50	6382.60	6888.90	6704.30
2015	6971.40	7378.30	6430.80	6714.30	6736.50
2016	6721.00	7557.10	6712.50	7000.00	6415.10
2017	5992.00	8636.90	6722.30	6810.00	6975.00
2018	6752.70	9376.50	6692.60	6960.00	8100.00

(附表1)续1

年份	辽宁	吉林	黑龙江	上海	江苏
1979	5662.50	3900.00	3480.00	5595.00	4815.00
1980	6105.00	4260.00	3795.00	3825.00	4425.00
1981	6262.50	4440.00	2490.00	4590.00	5032.50
1982	6255.00	5557.50	2962.50	5362.50	5745.00
1983	7200.00	5685.00	3720.00	4942.50	6367.50
1984	7657.50	6705.00	4470.00	5910.00	6952.50
1985	5476.88	5678.59	4180.50	5705.64	6739.66
1986	6403.75	4983.87	4355.60	6122.02	7029.56
1987	6322.50	6057.59	3486.97	6332.37	6884.03
1988	6287.18	5672.34	4304.32	6636.76	6874.04
1989	5005.42	4680.12	3759.52	6890.01	7331.18
1990	4530.06	4611.22	3112.25	4664.56	4640.52
1991	7140.00	7065.00	4230.00	7320.00	6945.00
1992	7405.00	6849.00	4838.00	7100.00	7062.00
1993	7775.71	6757.07	5279.40	7136.24	7373.27
1994	6893.39	7010.78	5493.24	7613.15	7402.08
1995	5539.57	6911.08	5626.87	7552.38	7992.71
1996	7088.48	8002.76	5742.66	7762.47	8006.34
1997	7844.21	8302.80	6162.93	7960.65	8122.48
1998	7639.11	8398.69	5909.24	8017.71	8816.31
1999	8267.83	8725.28	5847.53	7686.18	8077.30
2000	7700.63	6409.03	6489.82	7791.03	8175.01
2001	6501.45	5404.22	6485.64	8276.27	8422.78
2002	7300.50	5554.72	5887.24	8204.36	8626.71
2003	7019.11	5882.24	6528.78	7742.30	7630.06
2004	7377.80	7292.45	7116.77	8002.50	7918.78
2005	7327.59	7236.85	6795.73	7583.42	7725.01
2006	6649.11	7127.86	5824.97	7724.64	7638.51
2007	7644.57	7463.80	6293.14	7883.40	7904.18
2008	7675.72	8790.04	6349.52	8223.43	7936.66
2009	7705.19	7646.88	6398.26	8296.62	8072.98
2010	6754.24	8440.61	6659.47	8327.65	8091.90
2011	7657.67	9019.90	7000.66	8378.58	8290.19
2012	7673.01	7587.48	7072.81	8481.30	8428.95
2013	7807.90	7751.40	6992.60	8521.10	8484.30
2014	8032.40	7865.70	7022.50	8544.30	8416.60
2015	8582.70	8272.20	6987.90	8598.00	8520.20
2016	8614.50	8378.70	7040.50	8600.00	8416.30
2017	8566.50	8338.30	7139.60	8221.70	8457.60
2018	8559.80	7697.00	7098.80	8492.50	8841.00

(附表 1)续 2

年份	浙江	安徽	福建	江西	山东
1979	5257.50	4050.00	3885.00	3645.00	3795.00
1980	4680.00	3450.00	3990.00	3510.00	4275.00
1981	4725.00	4590.00	4125.00	3615.00	4695.00
1982	5692.50	4942.50	4440.00	4035.00	5077.50
1983	5197.50	4665.00	4672.50	4237.50	5655.00
1984	6037.50	5235.00	4605.00	4485.00	5317.50
1985	5686.25	5434.79	4610.75	4520.15	5587.01
1986	5809.63	5594.90	4411.96	4328.04	5913.64
1987	5626.26	5386.19	4792.23	4616.47	5686.92
1988	5505.03	5309.50	4636.39	4535.17	1709.43
1989	5460.66	5643.26	4932.41	4532.60	5958.77
1990	3695.91	3863.63	3224.13	3214.68	4863.12
1991	6030.00	4740.00	4860.00	4920.00	7545.00
1992	5608.00	5452.00	4963.00	4943.00	6596.00
1993	5696.69	5754.45	5021.33	3527.28	6920.96
1994	5835.54	5632.50	4985.03	5083.20	7164.18
1995	5701.19	5889.80	5154.66	4930.51	7530.97
1996	5973.72	5929.86	5289.64	5378.37	7493.40
1997	5935.09	5832.47	5274.69	5340.30	6806.31
1998	6015.24	6441.18	5251.10	4914.51	8813.45
1999	5836.34	6062.04	5187.15	5309.16	6705.14
2000	6196.61	5461.70	5177.13	5268.01	6270.44
2001	6534.33	6021.84	5246.87	5310.69	6342.84
2002	6650.17	6494.30	5148.21	5209.22	7044.43
2003	6604.86	4885.93	5438.06	5066.68	6916.18
2004	6681.97	6067.24	5538.95	5212.99	7280.40
2005	6268.88	5820.11	5533.81	5328.22	7996.66
2006	6257.57	5776.17	5798.46	5166.18	7622.53
2007	6673.97	6150.63	5767.28	5655.01	8440.61
2008	7044.59	6235.03	5907.97	5719.88	8449.00
2009	7101.75	6255.92	5960.32	5807.02	8321.08
2010	7020.99	6161.20	5942.04	5599.92	8294.34
2011	7253.60	6217.82	6082.16	5877.85	8347.52
2012	7305.64	6291.05	6087.18	5936.91	8345.85
2013	7001.20	6152.80	6140.80	6003.70	8416.30
2014	7159.70	6289.30	6178.60	6064.30	8252.50
2015	7028.90	6529.70	6147.70	6065.10	8178.50
2016	7255.50	6187.60	6127.90	6068.80	8328.30
2017	7168.20	6323.90	6255.10	6066.60	8280.60
2018	7332.60	6606.60	6428.30	6088.70	8661.00

(附表 1)续 3

年份	河南	湖北	湖南	广东	广西
1979	4012.50	4627.50	4440.00		3562.50
1980	4275.00	3840.00	4410.00		3645.00
1981	5175.00	4635.00	4522.50		3517.50
1982	4432.50	5197.50	4965.00		4237.50
1983	5310.00	5235.00	5565.00		4410.00
1984	5362.50	5977.50	5490.00	4558.10	4005.00
1985	5196.72	6191.21	5507.55	4330.30	3990.29
1986	5010.52	6391.62	5694.38	4280.40	3916.22
1987	4774.59	6236.48	5673.62	4646.10	4269.28
1988	4032.82	6283.93	5459.12	4745.31	3814.16
1989	5455.40	6512.81	5615.81	5131.07	4433.11
1990	3917.02	4525.25	3765.03	3521.77	3147.08
1991	5100.00	5925.00	5760.00	5295.00	4800.00
1992	5488.00	6883.00	5786.00	5442.82	5041.37
1993	6956.52	6819.33	5821.06	5288.79	5078.77
1994	6014.77	7125.03	5976.69	5089.86	4372.65
1995	6566.04	7185.50	5970.62	5450.77	5205.11
1996	6559.70	7031.77	6028.15	5709.44	5176.90
1997	7005.11	7374.29	6123.46	5852.22	5214.23
1998	7417.74	7293.35	5897.29	6009.31	5304.71
1999	6548.08	7376.69	5924.50	6316.64	5378.31
2000	6937.05	7503.77	6140.76	5768.83	5328.90
2001	4873.90	7303.87	6308.63	5479.61	5080.05
2002	7168.73	7607.66	5983.91	5478.48	5053.88
2003	4774.75	7430.56	6070.94	5493.76	5104.19
2004	7044.23	7547.61	6149.07	5250.72	4768.25
2005	7039.54	7390.62	6050.27	5225.44	4952.97
2006	5970.69	7330.25	6079.11	5291.53	5116.41
2007	7275.00	7508.82	6224.21	5394.79	5231.39
2008	7328.46	7750.21	6429.30	5153.32	5226.50
2009	7377.72	7784.15	6371.32	5399.30	5392.47
2010	7503.03	7643.18	6217.59	5431.32	5353.49
2011	7437.30	7940.98	6333.52	5651.44	5215.71
2012	7599.20	8183.74	6426.26	5779.12	5550.16
2013	7574.90	7979.60	6270.50	5474.70	5649.30
2014	8136.40	8066.70	6392.10	5765.90	5755.10
2015	8102.40	8273.90	6428.60	5767.10	5735.30
2016	8277.10	7947.20	6369.60	5755.90	5802.80
2017	7889.90	8138.10	6465.10	5795.60	5660.10
2018	8081.90	8220.90	6670.00	5774.20	5798.60

(附表 1)续 4

年份	海南	重庆	四川	贵州	云南
1979				4320.00	3667.50
1980				4200.00	3780.00
1981				3727.50	4042.50
1982				4477.50	4200.00
1983				4845.00	4125.00
1984				5220.00	4432.50
1985				4191.37	4526.14
1986				4637.13	4193.14
1987				4739.83	4490.78
1988	2747.05			4730.96	4569.42
1989	3221.89			4722.10	4648.06
1990	2320.19			3240.69	3355.64
1991	3675.00			6000.00	5070.00
1992	3861.77			5086.57	5045.30
1993	3332.48			5172.08	5118.15
1994	3928.48			5766.56	5374.88
1995	4087.91			5738.19	5439.96
1996	3966.71			6197.22	5708.05
1997	4299.95	6796.87	7579.80	6218.87	5755.54
1998	4180.18	6490.50	7583.74	6379.22	5844.93
1999	4320.70	6743.77	7756.29	6119.39	6109.75
2000	4087.90	6861.96	7695.31	6361.09	5292.47
2001	4252.88	6188.48	6825.39	6130.67	5415.57
2002	4043.54	6491.00	7242.91	4734.55	5015.70
2003	4179.30	6624.12	7214.16	6374.74	6095.98
2004	4396.25	6799.68	7363.60	6657.32	5886.58
2005	3680.44	6972.39	7212.97	6551.47	6159.90
2006	3466.80	7016.95	7236.85	6599.11	6182.71
2007	4572.09	7538.22	6972.59	6652.25	5954.98
2008	4640.75	7859.82	7355.96	6671.53	6103.11
2009	4592.88	7496.63	7499.38	6490.18	6118.60
2010	4269.70	7582.55	7543.53	6404.77	6038.88
2011	4554.90	7188.79	7605.46	4459.79	6229.17
2012	4801.55	7248.95	7688.96	5892.53	5952.70
2013	4804.50	7305.20	7783.70	5278.70	5794.20
2014	4979.30	7296.00	7663.90	5913.00	5819.00
2015	5121.30	7356.50	7798.90	6184.50	5813.40
2016	5158.00	7377.40	7830.20	6384.50	5946.00
2017	4996.20	7390.50	7860.00	6407.30	6079.20
2018	5310.80	7417.50	7890.10	6262.90	6211.50

(附表1)续5

年份	西藏	陕西	甘肃	宁夏	新疆
1979	3390.00	5077.50	3337.50	5242.50	2272.50
1980	3720.00	4650.00	5010.00	7095.00	2610.00
1981	3585.00	3277.50	4020.00	7530.00	2917.50
1982	3712.50	5017.50	3945.00	7815.00	3435.00
1983	3945.00	5250.00	3810.00	7957.50	3945.00
1984	3825.00	5835.00	3945.00	8220.00	3847.50
1985	5625.00	5633.77	4576.27	8413.65	4109.22
1986	3461.54	5966.71	4830.51	8244.13	4557.69
1987	2727.27	6067.92	5689.66	8303.91	4677.00
1988	3409.09	6161.59	5540.14	8378.91	4810.64
1989	4090.91	6255.27	5390.63	8453.91	4944.27
1990	2500.00	4197.32	3116.88	6033.33	3417.92
1991	3000.00	6345.00	4635.00	9315.00	6420.00
1992	3636.36	6197.88	6140.35	6688.00	5551.18
1993	3636.36	5330.45	5625.00	7006.37	4829.63
1994	4444.44	4452.88	8305.08	8172.23	6303.32
1995	5000.00	4608.76	7794.12	7439.61	6437.72
1996	4166.67	6673.04	7462.69	8437.50	6627.14
1997	4545.45	6068.88	7058.82	8913.69	6735.69
1998	4545.45	6331.25	6904.76	9458.65	8147.61
1999	5436.89	5569.57	7752.49	9258.74	5677.61
2000	5445.54	6540.06	8508.29	8135.59	7732.68
2001	5660.38	6538.57	9201.68	8315.36	7749.73
2002	3529.41	6153.26	8888.89	8730.37	7906.67
2003	5544.55	5412.19	7473.90	7929.78	7553.60
2004	5238.10	5967.08	7881.87	8148.49	5887.37
2005	5392.16	6063.90	8058.82	8569.82	7765.27
2006	5612.24	6088.74	7740.11	7473.68	8276.66
2007	5500.00	6331.96	6458.33	7862.34	8811.84
2008	5204.08	6667.74	6907.78	8267.53	5792.82
2009	5200.00	6582.46	6878.31	8250.26	6664.83
2010	6020.41	6662.01	7049.74	8416.31	8767.65
2011	6000.00	6987.32	7034.75	8429.61	8590.45
2012	5567.01	7082.43	7019.75	8457.89	8574.32
2013	5789.50	7351.30	7243.30	8387.50	8889.90
2014	4747.50	7362.70	6887.20	7923.10	10147.90
2015	4787.20	7479.60	6979.90	8171.90	9835.30
2016	4936.20	7491.00	6709.70	8394.40	8626.80
2017	5606.50	7626.80	7216.00	8490.60	8819.00
2018	5592.70	7656.10	6468.90	8531.00	9268.20

附表 2　1987—2018 年长沙县早稻作物单产表　　（公斤/公顷）

年份	1987	1988	1989	1990	1991	1992
单产	6031	6066	6012	6099	6120	5689
年份	1993	1994	1995	1996	1997	1998
单产	4900	5888	5658	6829	6677	4666
年份	1999	2000	2001	2002	2003	2004
单产	6680	6601	6525	5585	6165	6105
年份	2005	2006	2007	2008	2009	2010
单产	6225	6255	6150	6093	6088	5878
年份	2011	2012	2013	2014	2015	2016
单产	6150	6180	6300	6315	6390	6150
年份	2017	2018				
单产	6030	6100				

附表 3 长沙县 1987—2018 年 3—7 月降水量数据表 单位:毫米

年份	3 月	4 月	5 月	6 月	7 月
1987	126.40	174.90	194.00	131.40	232.80
1988	92.30	98.10	168.30	181.00	106.80
1989	116.90	275.70	141.20	212.00	205.30
1990	98.90	107.40	197.30	349.60	101.30
1991	308.60	161.90	199.60	148.40	82.30
1992	360.00	175.10	257.80	202.90	189.20
1993	151.40	142.30	207.10	260.40	253.80
1994	88.60	263.50	169.60	196.20	301.60
1995	96.60	236.10	165.40	363.70	80.10
1996	176.10	142.20	153.90	172.30	267.10
1997	117.60	208.80	140.00	401.60	211.50
1998	142.80	197.90	216.30	518.80	230.50
1999	101.20	253.70	221.40	118.20	382.30
2000	171.00	126.20	148.20	290.50	66.80
2001	110.50	265.30	162.50	277.20	73.20
2002	147.90	228.30	256.20	149.10	230.90
2003	134.60	190.00	280.30	116.10	5.30
2004	102.40	255.50	227.80	128.40	135.70
2005	106.80	92.20	400.80	272.10	66.70
2006	98.70	235.20	125.40	200.90	133.20
2007	114.80	127.10	37.80	118.50	44.40
2008	159.90	101.60	110.00	116.40	215.00
2009	140.90	217.00	130.70	198.50	194.80
2010	141.20	174.60	323.10	276.40	75.30
2011	83.00	83.30	57.90	342.90	40.80
2012	159.70	208.70	391.70	173.10	161.60
2013	128.40	195.90	319.00	153.80	7.60
2014	210.00	107.30	226.30	158.70	250.10
2015	146.90	104.10	241.10	273.20	108.70
2016	139.70	292.19	228.29	118.59	352.30
2017	258.90	132.20	121.40	526.50	246.50
2018	160.00	150.00	200.00	182.00	179.00

附表 4　长沙县 1987—2018 年 3—7 月月均气温数据表　　单位:摄氏度

年份	3 月	4 月	5 月	6 月	7 月
1987	9.6	16.7	21.9	24.4	27.9
1988	8.8	17.3	22.3	25.8	29.7
1989	10.1	16.6	21.2	25.1	28.5
1990	11.6	16.2	21.4	26.0	29.8
1991	9.2	14.8	21.3	26.2	29.5
1992	8.0	18.4	21.7	24.8	28.6
1993	10.7	17.0	19.7	26.1	26.9
1994	10.1	17.4	24.2	25.6	28.6
1995	12.0	15.6	22.8	25.0	29.6
1996	9.2	15.9	21.5	25.7	28.3
1997	12.4	16.5	24.0	24.9	27.6
1998	10.2	20.7	22.0	24.9	29.4
1999	10.3	17.7	21.5	24.8	26.5
2000	12.7	17.3	23.0	26.1	30.2
2001	12.7	16.5	22.9	25.7	30.5
2002	13.9	18.0	20.3	27.3	28.0
2003	10.8	16.9	21.5	26.3	31.3
2004	12.5	20.7	22.7	25.6	29.4
2005	11.2	20.8	22.9	27.5	30.4
2006	12.6	19.9	23.6	27.0	30.1
2007	13.0	17.8	25.8	26.6	30.8
2008	15.2	18.9	24.6	26.8	30.1
2009	12.7	18.5	22.5	28.4	29.8
2010	12.5	15.8	22.4	25.3	30.4
2011	10.9	19.0	22.9	26.1	30.5
2012	10.6	19.2	22.9	27.1	30.9
2013	14.9	18.0	23.6	28.0	32.6
2014	13.6	18.8	22.6	26.1	29.2
2015	11.8	17.1	22.2	26.1	26.2
2016	12.7	18.4	20.3	25.6	28.9
2017	11.0	18.1	22.6	23.8	29.5
2018	12.0	18.3	22.7	24.0	30.5

附表 5　长沙县 1987—2018 年 3—7 月日照时间数据表　　单位:小时

年份	3 月	4 月	5 月	6 月	7 月
1987	43.6	139.1	113.0	162.3	210.7
1988	53.5	152.2	109.6	205.6	294.5
1989	71.1	82.8	154.0	123.4	247.4
1990	67.4	90.5	158.9	183.7	291.7
1991	42.5	68.9	125.1	171.0	212.4
1992	31.7	134.8	93.2	142.9	242.5
1993	63.9	107.1	77.8	173.6	138.6
1994	77.9	67.4	149.5	117.7	189.0
1995	95.9	32.3	141.0	114.5	256.5
1996	72.4	89.8	108.4	114.6	152.9
1997	45.7	93.4	199.4	160.3	172.9
1998	41.3	144.9	128.8	50.9	203.8
1999	57.2	87.5	116.3	104.5	98.9
2000	71.9	58.1	157.8	148.7	279.0
2001	93.5	85.9	177.4	141.6	268.4
2002	99.1	95.3	110.7	149.4	199.3
2003	111.2	100.6	77.4	139.6	283.4
2004	105.4	160.2	165.0	129.2	237.5
2005	80.6	158.4	80.0	149.0	249.4
2006	87.0	152.1	185.9	189.8	220.7
2007	79.1	126.6	224.9	120.6	271.3
2008	129.9	125.3	185.7	173.5	237.4
2009	96.5	129.8	162.5	218.7	252.1
2010	128.1	96.2	114.0	120.5	259.3
2011	106.4	143.9	203.8	136.8	276.7
2012	76.4	120.3	123.5	147.6	298.9
2013	131.1	113.0	149.5	225.6	377.6
2014	93.3	117.0	126.6	107.1	228.0
2015	50.0	117.2	95.0	151.0	124.6
2016	100.0	83.0	105.0	168.0	191.0
2017	48.4	105.7	161.3	71.6	278.4
2018	75.0	110.0	140.0	147.0	238.0

参考文献

[1] Eeckhoudt L,Gollier C,Schlesinger H. Economic and Financial Decisions under Risk [M]. Princeton University Press,2005.

[2] Zeuli,Kimberly A . New Risk-Management Strategies for Agricultural Cooperatives [J]. American Journal of Agricultural Economics,1999,81(5).

[3] Rode D,Fischhoff B,Fischbeck P . Catastrophic Risk and Securities Design [J]. Journal of Psychology and Financial Markets,2000,1(2).

[4] Kunreuther H,Roth R J,Ebrary I. Paying the Price:the Status and Role of Insurance against Natural Disasters in the United States[J]. Earthquake Spectra,2000,15(3).

[5] Kunreuther H. Risk Analysis and Risk Management in an Uncertain World [J]. Risk Analysis,2002,22(4).

[6] Dlugoleckia A,Hoekstrab E. The Role of the Private Market in Catastrophe Insurance[J]. Climate Policy(Earthscan),2006(6).

[7] Hazell P. Potential Role for Insurance in Managing Catastrophic Risk in Developing Countries[J]. Journal of International Development,2006,11(15).

[8] Litan,Robert E. Panel Discussion:What Is the Appropriate Role of the Federal Government in the Private Markets for Credit and Insurance [M]. Review, Federal Reserve Bank of St. Louis,2006.

[9] 刘京生.保险的“二元论”,浅议商业保险与政策保险的协调发展[J].中国保险,2005(3).

[10] 杨宝华.政府在巨灾保险体系中的角色定位与作用机制[J].上海保险,2008(2).

[11] 谢世清.建立我国巨灾保险基金的思考[J].上海金融,2009(4).

[12] 郝演苏.如何建立我国农业巨灾保障体系[J].经济,2010(8).

[13] 庹国柱，王克，张峭，张众. 中国农业保险巨灾风险分散制度及巨灾风险基金规模研究[J]. 保险研究，2013(6).

[14] 霍然，王克，张峭. 政府农业巨灾风险分摊比例研究[J]. 农业展望，2014(5).

[15] Botts R R，Boles J N. Use of Normal-Curve Theory in Crop Insurance Rate-making [J]. J Farm Econ，1958(40).

[16] King R P，Black J R，Benson F J，Pavkon P A. The Agricultural Risk Management Simulator Microcomputer Program [J]. Southern Journal of Agricultural Economics，1988(20).

[17] Barnett S B J. Conceptual and Practical Considerations for Sharing Catastrophic/Systemic Risks [J]. Review of Agricultural Economics，1999，21(2).

[18] Menz K M，Pardey P. Technology and U. S. Corn Yields：Plateaus and Price Responsiveness [J]，Amer J Agr Econ，1983，65.

[19] Kaylen M S，Koroma S S. Trend，Weather Variables，and the Distribution of U. S. Corn Yields [J]. Rev Agr Econ，1991(13).

[20] 庹国柱，丁少群. 农作物保险风险和费率分区问题的探讨[J]. 中国农村经济，1994(8).

[21] 黄崇福，刘新立. 以历史灾情资料为依据的农业自然灾害风险评估方法[J]. 自然灾害学报，1998(2).

[22] 刘长标. 农作物区域产量保险的精算研究[D]. 中国人民大学博士学位论文，2000.

[23] 邢鹂，钟甫宁. 粮食生产与风险区划研究[J]. 农业技术经济，2006(1).

[24] 陈新建，陶建平. 基于风险区划的水稻区域产量保险费率研究[J]. 华中农业大学学报(社会科学版)，2008(4).

[25] 聂建亮，叶涛，王俊，史培军. 基于双尺度产量统计模型的农作物多灾种产量险费率厘定研究[J]. 保险研究，2012(10).

[26] 杨晓煜，鞠荣华，杨汭华，周俊玲，李晓峰. 河南省小麦保险费率厘定研究[J]. 中国农业大学学报，2012，17(3).

[27] 陈平，陶建平，赵玮. 基于风险区划的农作物区域产量保险费率厘定研究——以湖北中稻县级区域产量保险为例[J]. 自然灾害学报，2013(2).

[28] 丰雪，吕杰，刘宪敏. 农作物单产的最大熵分布及在费率厘定上的应用[J]. 运

筹与管理,2014(6).

[29] Turvey C G,Zhao C. Parametric and nonparametric crop yield distributions and their effects on all-risk crop insurance premiums [J]. Working paper, Dept. of Agr. Econ. and Business,University of Guelph,May 1993.

[30] Goodwin B K,Ker A P. Nonparametric estimation of crop yield distributions: implications for rating group-risk(GRP)crop insurance contracts [J]. Amer J Agr Econ,February 1998.

[31] Ker A P,Goodwin B K. Nonparametric estimation of crop insurance rates revisited[J]. Amer J Agr Econ. May 2000,83.

[32] 谭英平.非参数密度估计在个体损失分布中的应用[J].统计研究,2003(8).

[33] 钟甫宁,邢鹂.粮食单产波动的地区性差异及对策研究[J].中国农业资源与区划,2004(3).

[34] 王丽红,杨华.非参数核密度法厘定玉米区域产量保险费率研究[J].中国农业大学学报,2007(1).

[35] 梁来存.核密度法厘定我国粮食保险纯费率的实证研究[J].南京农业大学学报(社会科学版),2009,9(4).

[36] 李永,孙越芹,夏敏.小麦保险费率厘定:基于小波分析与非参数估计法[J].预测,2011,30(4).

[37] 于洋.农作物产量保险区域化差别费率厘定的可行性——基于非参数核密度估计实证[J].统计与信息论坛,2013(10).

[38] 王国军,赵小静.基于风险区划的农作物保险精细化费率厘定研究——以河南省县级小麦保险纯费率厘定为例[J].保险研究,2015(10).

[39] 占纪文,郑思宁,徐学荣.县域农作物产量保险风险区划与费率厘定研究——基于福建省推广县域水稻保险的构想[J].价格理论与实践,2019(7).

[40] 张玉环.国外农业天气指数保险探索[J].中国农村经济,2017(12).

[41] Skees J. The Potential of Weather Index Insurance for Spurring a Green Revolution in Africa [M]. Global Ag Risk Incorporation,2008.

[42] Collier B,Skees J,Barnett B. Weather Index Insurance and Climate Change: Opportunities and Challenges in Lower Income Countries[J]. The Geneva Papers on Risk and Insurance Issues and Practice,2009,34(3).

[43] Manuamorn O P. Scaling up Micro Insurance: The Case of Weather Insur-

ance for Smallholders in India[C]. India Agriculture & Rural Development Discussion Paper 36, the World. 2010.

[44] World Bank. Managing Agricultural Production Risk : Innovations in Developing Countries[J]. World Bank Other Operational Studies, 2005.

[45] Chantarat S, Barrett C B, Mude A G, Turvey C G. Using Weather Index Insurance to Improve Drought Response for Famine Prevention[J]. American Journal of Agricultural Economics, 2007(89).

[46] Barnett B, Barrett C B, Skees J R. Poverty Traps and Index-based Risk Transfer Products[J]. World Development, 2008(36).

[47] 魏华林,吴韧强. 天气指数保险与农业保险可持续发展[J]. 财贸经济,2010(3).

[48] 许闲,杨宇佳. 全球极端天气频发,天气指数保险获宠[N]. 中国保险报,2013-09-02.

[49] 吕开宇,张崇尚,邢鹂. 农业指数保险的发展现状与未来[J]. 江西财经大学学报,2014(3).

[50] 祝仲坤. 政策性农业保险增长质量研究[J]. 江西财经大学学报,2016(6).

[51] Carter M R, Galarza F, Boucher S. Underwriting Area-based Yield Insurance to Crowd in Cedit Supply and Demand[J]. Savings and Development, 2007, 31(3).

[52] 庹国柱. 中国农业保险的制度选择[J]. 中国保险,2014(8).

[53] Turvey C G, Chiang W S H C. Pricing Weather Insurance with a Random Strike Price: The Ontario Ice-Wine Harvest[J]. American Journal of Agricultural Economics, 2006, 88(3).

[54] Bokusheva R, Breustedt G. The Effectiveness of Weather-based Index Insurance and Area-yield Crop Insurance: How Reliable are Expost Predictions for Yield Risk Reduction? [J]. Quarterly Journal of International Agriculture, 2012, 51(2).

[55] Taib C M I C, Benth F E. Pricing of temperature index insurance [J]. Review of Development Finance, 2012, 2(1).

[56] Daniel J C, Mahul O, Verma N. Index Based Crop Insurance Product Design and Ratemaking[R]. Washington, D. C. : The World Bank, 2012.

[57] Leblois A ,Quirion P . Agricultural Insurances Based on Meteorological Indices: Realizations, Methods and Research Challenges[J]. Meteorological Applications,2013,20(1).

[58] 牛浩,陈盛伟. 玉米风雨倒伏指数保险产品设计研究——以山东省宁阳县为例[J]. 农业技术经济,2015(12).

[59] 张萍. 农业天气指数保险纯费率厘定的实证研究——以山东省冬小麦为例[J]. 保险职业学院学报,2015(4).

[60] 杨帆,刘布春,刘园,杨晓娟. 气候变化对东北玉米干旱指数保险纯费率厘定的影响[J]. 中国农业气象,2015(6).

[61] 熊旻,庞爱红. 早稻暴雨指数保险产品设计——以江西省南昌县为例[J]. 保险研究,2016(6).

[62] 李睿涛,刘京会,周洪奎,张存杰,段居琦. 华北平原冬小麦因旱减产气象指数保险产品研究[J]. 灾害学,2017(7).

[63] 刘新立,叶涛,方伟华. 海南省橡胶树风灾指数保险指数指标设计研究[J]. 保险研究,2017(6).

[64] 刘凯文,刘可群,邓爱娟,杨涛,苏荣瑞. 基于开花期地域差异的中稻高温热害天气指数保险设计[J]. 中国农业气象,2017(10).

[65] 张静,张朝,陶福禄. 中国南方双季稻区天气指数保险的选择分析[J]. 保险研究,2017 (7).

[66] 曾小艳,郭兴旭. 气候变化下湖北省稻谷生长期降雨量指数保险设计[J]. 中国农业资源与区划,2018(7).

[67] 聂荣,宋妍. 农业气象指数保险研究与设计——基于辽宁省玉米的面板数据[J]. 东北大学学报(社会科学版),2018(5).

[68] 谭英平,龚环. 天气指数保险产品的定价方法及应用——基于对我国农业领域的应用探索[J]. 价格理论与实践,2018(8).

[69] 王月琴,赵思健,聂谦山. 西沁县谷子综合天气指数保险研究[J]. 保险研究,2019(4).

[70] 梁来存. 巨灾准备金制度下粮食作物巨灾保险政府积累的测算[J]. 广西财经学院学报,2019(4).

[71] 梁来存. 我国粮食保险纯费率厘定方法的比较与选择[J]. 数量经济技术经济研究,2011(2).